QUE SAIS-JE ?

La citoyenneté

ANICET LE PORS
Conseiller d'État

Troisième édition mise à jour

11e mille

ISBN 2 13 053175 X

Dépôt légal — 1re édition : 1999
3e édition mise à jour : 2002, novembre

6, avenue Reille, 75014 Paris

INTRODUCTION

La citoyenneté moderne est l'aboutissement d'une succession de conceptions qui ne forment pas une histoire continue. Elle est fortement invoquée, aujourd'hui, en réponse à la perte des repères d'une société en crise.

I. – Une longue généalogie

La citoyenneté vient du latin *civitas*. Le citoyen adhère aux finalités et aux règles de la cité, ce qui lui vaut de disposer de prérogatives, droits et devoirs lui conférant un « droit de cité ». Mais il faut partir des cités-États de la Grèce antique pour commencer une rapide rétrospective de la notion de citoyenneté, et l'on se rattachera alors au grec *politeia* qui, en même temps que la citoyenneté, évoque la communauté des citoyens et les règles constitutives de cette communauté.

La démocratie athénienne du Ve siècle avant notre ère est une démocratie directe de la communauté des citoyens. Le citoyen participe à l'assemblée du peuple et peut y prendre la parole sur l'*agora*. Des milliers de citoyens décident ainsi, ensemble, à la majorité simple des présents, des affaires les plus générales de la cité : la guerre et la paix, les travaux d'infrastructure, les finances publiques, la conclusion des traités, les lois et règlements. Tout citoyen peut être désigné pour accomplir des fonctions publiques ou accéder à des magistratures. Les tâches du gouvernement et de l'administration sont ainsi réparties entre un grand nombre de personnes, le plus souvent désignées par tirage au sort, pour une courte période et moyennant une faible rétribution. Les citoyens d'une même cité rendent un culte aux mêmes dieux d'une religion de caractère civil et sont soumis aux mêmes lois. Le citoyen d'Athènes est donc un homme libre dans une société démocratique et les citoyens sont égaux devant la loi, à ceci près que les citoyens (nécessairement majeurs) ne sont qu'une faible minorité dans l'ensemble de la population, de l'ordre d'un dixième, les femmes, les esclaves, les métèques, les étrangers en étant exclus et n'ayant aucune vocation à être intégrés à la communauté des citoyens.

Dans la Rome républicaine, le principe d'égalité tend à devenir purement juridique dans une société qui n'est pas démocratique, mais oligarchique. La qualité de citoyen est reconnue à un nombre toujours plus grand de personnes, mais elle a surtout une fonction d'identification et de protection. L'exercice de la citoyenneté est ici réduit au respect de la loi sans empêcher une forte hiérarchisation des pouvoirs, reposant sur les capacités contributives respectives et la notoriété des différents groupes sociaux. Dès lors, une aristocratie politique (hauts magistrats, consuls, prêteurs, censeurs, etc.) domine ; nombre de fonctions tendent à devenir héréditaires, tandis que la plèbe, par la voix de ses tribuns, élève sa contestation. Dans ce cadre, les contradictions politiques et économiques se développent, fragilisant l'édifice, et la République laisse place à l'Empire. Conséquence positive, néanmoins, de cette évolution que caractérise donc une disjonction de la citoyenneté et des fonctions sociales : la citoyenneté n'est plus aussi étroitement associée au pouvoir effectif ; elle peut être accordée plus aisément, jusqu'à être proposée aux hommes libres des régions conquises, en vue de leur assimilation. À l'inverse de la citoyenneté athénienne, la citoyenneté romaine est intégratrice et sera quasiment généralisée par l'édit de Caracalla, en 212.

Cette extension du champ de la citoyenneté en édulcore progressivement le contenu et la signification, d'autant plus qu'une autre représentation symbolique s'impose au Moyen Âge, celle du système féodal, qui rend le prince dépositaire du bien commun et substitue aux finalités civiques celles du christianisme, qui structure un autre ordre politique dans lequel le citoyen le cède au sujet. On s'engage alors, pour près d'un millénaire, dans une longue éclipse de la citoyenneté, qui ne renaîtra réellement sous la forme moderne qu'avec les Révolutions américaine et, surtout, française. Ce n'est pourtant pas une absence complète, car de nombreux facteurs contribuent à sa redécouverte progressive : la traduction de la *Politique* d'Aristote et l'enseignement du droit romain dans les universités, le développement de l'activité économique, appelant l'octroi de libertés nouvelles dans les cités médiévales. L'essor de la vie politique qui s'ensuit aux XIIe et XIIIe siècles ranime une certaine citoyenneté dans le bourgeois, doté de nouveaux droits individuels et sociaux. Machiavel réactive l'idée républicaine, Bodin produit *La République,* Hobbes *Le traité du citoyen* et *Le Léviathan,* qui participent d'une rationalisation croissante de la pensée politique et d'une contestation implicite de la doctrine de saint Augustin affirmant la supériorité de la cité de Dieu sur la cité des hommes.

C'est surtout *L'Esprit des lois* de Montesquieu et *Du contrat social* de J.-J. Rousseau qui influenceront de manière déterminante le développement de contre-pouvoirs et l'affirmation de la supériorité de la « volonté générale » sur l'absolutisme monarchique, préparant ainsi l'avènement du citoyen dans son acception moderne. La formation de cette citoyenneté s'effectuera dans le cadre des États-nations qui s'étaient constitués en France et dans plusieurs pays d'Europe. Si la Déclaration des droits de l'homme et du citoyen du 26 août 1789 ne distingue pas l'homme du citoyen, la Constitution du 24 juin 1793 énonce, elle, clairement, que « le peuple souverain est l'universalité des citoyens français » (art. 7) et : « Tout homme né et domicilié en France, âgé de vingt et un ans accomplis ; – Tout étranger âgé de vingt et un ans accomplis, qui, domicilié en France depuis une année – Y vit de son travail – Ou acquiert une propriété – Ou épouse une Française – Ou adopte un enfant – Ou nourrit un vieillard ; – Tout étranger enfin, qui sera jugé par le Corps législatif avoir bien mérité de l'humanité – Est admis à l'exercice des Droits de citoyen français » (art. 4).

On s'accorde à regarder cette période comme celle de la formation de la conception moderne de la citoyenneté. Mais celle-ci, en réalité, est en gestation permanente jusqu'à nos jours. Qu'il suffise de rappeler quelques-uns des moments de cette évolution : la distinction faite par la Constitution de 1791 entre citoyens « actifs » et citoyens « passifs », supprimée par l'Assemblée législative en 1792 ; l'abolition de l'esclavage, la liberté de la presse, la reconnaissance du droit au travail et l'instauration du suffrage universel (des hommes) en 1848 ; l'écrasement de la Commune de Paris et la défiance durable du mouvement ouvrier vis-à-vis de pouvoirs institués ; l'existence de catégories différenciées de citoyens et de non-citoyens dans l'empire colonial ; la reconnaissance du droit de vote des femmes en 1944 ; l'élection du président de la République au suffrage universel en 1962 ; l'institution d'une citoyenneté européenne en 1992.

II. – Un concept fécond, une idée moderne

« Ici on s'honore du titre de citoyen et on se tutoie ! », proclamait-on sous la Révolution française. Mais comment un même mot peut-il, sur une période de vingt-cinq siècles, recouvrir au fond une même idée, alors que nous en avons relevé un si grand nombre d'acceptions ? Il est cependant possible de dégager quelques caractéristiques communes à ces différentes expériences.

Tout d'abord, il n'y a pas de citoyenneté sans finalités, sans valeurs. Celles-ci ont été extrêmement variées au fil du temps, même si on peut y déceler un fond commun de recherche de liberté et de rationalité : les dieux des cités et la mythologie dans la Grèce antique, le sens du droit et de la loi sous Rome, l'exigence de libertés nouvelles dans les cités médiévales, « liberté, égalité, fraternité » sous la Révolution française. La citoyenneté ne saurait donc se décrire seulement comme un ensemble de droits et d'obligations. Ceux-ci ne sont conférés comme prérogatives aux citoyens que dans la mesure où ils se sentent membres d'une communauté guidée par des valeurs partagées, même si celles-ci donnent lieu entre eux à des débats contradictoires. La citoyenneté suppose un pacte social, plus ou moins explicité, liant les citoyens d'une même collectivité. J.-J. Rousseau, dans *Du contrat social*, écrit, à ce sujet : « Chacun de nous met en commun sa personne et toute sa puissance sous la suprême direction de la volonté générale ; et nous recevons en corps chaque membre comme partie indivisible du tout. »

Ensuite, il n'y a pas de citoyenneté sans possibilité effective d'assurer son exercice : la démocratie directe de l'assemblée des citoyens dans la Grèce antique, l'édiction de règles de droit sous Rome, l'usage de nouveaux droits individuels et sociaux dans les cités médiévales, la Déclaration des « droits de l'homme et du citoyen » en 1789, la pratique de droits économiques et sociaux étendus, la promotion des droits de l'homme sur le plan international. L'évolution des droits est ainsi marquée par une large extension du champ des sujets de droit reconnus comme citoyens et des libertés individuelles (statut individuel, liberté de pensée, d'expression, etc.) et publiques (réunion, association, manifestation, etc.), mais aussi par la difficulté à intégrer les droits économiques et sociaux comme droits attachés à la personne humaine. On distingue une succession de générations de droits (droits de l'individu, droits économiques et sociaux, droits du genre humain) qui, tendant à une généralité croissante, rendent difficiles leur appréhension et leur traduction juridique.

Enfin, il n'y a pas de citoyenneté qui ne soit dynamique. Celle-ci s'exprime dans la large fresque, ci-dessus esquissée. Elle nous montre que la citoyenneté peut disparaître, dans la réalité de la société civile et de l'État, sinon dans la pensée, et resurgir ultérieurement avec des caractères rénovés, voire franchement différents. Chaque période apporte un enrichissement des acquis antérieurs, mais peut aussi, contradictoirement, enregistrer des régressions. C'est en ce sens qu'il vaut mieux parler de généalogie que d'histoire. La démocratie athénienne a expérimenté, sur une base très minoritaire, la démocratie directe, et son enseignement demeure plein d'intérêt. La primauté de la loi et la généralisation de la citoyenneté à l'ensemble de l'Empire romain ont montré que l'égalité devant la loi pouvait aller de pair avec de fortes inégalités sociales en dépit de l'égalité juridique proclamée. Les libertés communales au Moyen Âge n'ont pas dégagé le bourgeois citoyen de sa condition de sujet d'un pouvoir monarchique devenant absolu. Le rayonnement même de la citoyenneté proclamée sous la Révolution française a exacerbé toutes les contradictions sociales, sous des formes parfois violentes. De même, il serait possible de montrer, à l'intérieur de chacune de ces périodes, combien la conception de la citoyenneté est instable : que la citoyenneté à Sparte n'était pas celle d'Athènes, que l'évolution fut considérable, à Rome, pendant les cinq siècles que dura la République, que la Révolution française a connu la proclamation de la Ire République, mais aussi la « Conspiration des égaux ».

La citoyenneté, comme la démocratie et la société, est ainsi le produit de contradictions et de réglementations, de conflits et de consensus, de valeurs partagées et de confrontations d'idées d'autant plus intégratrices qu'elles s'opposent vigoureusement. À cet égard, la France apparaît comme une nation fortement politique, et c'est pourquoi, plus que partout ailleurs, elle a affirmé le principe de citoyenneté dans une production politique et philosophique abondante, mais aussi par de grandes manifestations collectives concernant, notamment, la laïcité, le service public, l'intégration et la souveraineté nationale.

Il existe donc une problématique finalement assez claire de la citoyenneté, articulée autour du triptyque valeurs-exercice-dynamique.

PREMIÈRE PARTIE

LES VALEURS DE LA CITOYENNETÉ

Chapitre I

UNE CONCEPTION DE L'INTÉRÊT GÉNÉRAL

L'intérêt général est une notion présumée importante, bien qu'elle ne soit pas très claire. C'est le « bien commun » préservé par le prince pour le compte de l'ensemble de ses sujets. C'est l' « utilité commune » évoquée dès l'article 1er de la Déclaration des droits de l'homme et du citoyen : « Les hommes naissent et demeurent libres et égaux en droits. Les distinctions sociales ne peuvent être fondées que sur l'utilité commune. » C'est l'intérêt général qui permet de fonder en droit les relations de l'État et de la société.

I. – Une définition problématique

L'intérêt général prétend transcender les divisions internes, les particularismes régionaux, les clivages sociologiques, les conflits de générations. L'économie, le droit et la politique ont tenté, non sans difficulté, de le définir.

1. **Intérêt général et optimum social.** – Dans la construction européenne, la démarche est essentiellement économique. Ainsi a-t-on proposé de rééquilibrer les traités existants en mettant l'intérêt économique général au niveau du principe de concurrence et de construire l'intérêt général européen à partir du consommateur. Chaque État membre définirait ses missions d'intérêt général, et un cahier des charges type fixerait le cadre de réalisation de ces missions sur la base de quelques principes communs : proportionnalité, transparence, service universel (noyau dur de l'utilité publique), accès ouvert, séparation du régulateur et du régulé. Pourrait ainsi être mise en place une sorte de régime communautaire de l'utilité publique qu'il serait alors possible de constitutionnaliser. Mais l'intérêt général ne se réduit pas à l'intérêt économique général, et, au surplus, la compatibilité de l'intérêt économique général et du marché n'est pas certaine. Le marché est le lieu d'expression du court terme, il révèle plutôt la préférence collective des consommateurs que l'intérêt général. La compatibilité de ces notions ne peut être recherchée que par la poursuite d'un hypothétique « avantage commun » aux deux logiques, sur la base d'un raisonnement en termes d' « optimum social » mis en avant par la théorie néo-classique.

De nombreux ajustements ont été apportés à cette théorie fondée sur la concurrence parfaite et le marché pour tenir compte, notamment, des biens collectifs (biens indivisibles qui peuvent être consommés simultanément par plusieurs individus, l'école par exemple), des effets externes positifs ou négatifs et des avantages non marchands, des conditions de concurrence imparfaite (barrières à l'entrée, différenciation des produits, prise en compte des stratégies des acteurs traitées par la théorie des jeux), sans parvenir à réduire les écarts entre la théorie et la réalité. Du coup, ce sont les imperfections de la réalité qui ont été invoquées pour déplorer ces écarts à la théorie (liberté insuffisante des entreprises, interventionnisme excessif de l'État, flexibilité et mobilité trop faibles des facteurs de production), et la théorie, qui a donné lieu à une abondante formalisation mathématique, s'est alors faite normative.

2. **L'intérêt général en droit positif.** – Le juge administratif et le juge constitutionnel font un usage fréquent de la notion d'intérêt général, sans cependant lui donner un contenu très précis. Il y a à cela deux raisons. La première est que l'intérêt général est finalement une notion essentiellement politique, qui peut varier d'une époque à l'autre et qu'il ne faut donc pas figer, mais dont l'appréciation incombe d'abord au pouvoir politique, notamment au législateur. La seconde est que le juge ne fait généralement référence à l'intérêt général que de manière subsidiaire par rapport au principe d'égalité. Si, comme on le verra, le principe d'égalité peut conduire à des solutions différentes dans des situations différentes, l'intérêt général peut le justifier également pour des situations semblables ou peu différentes.

Pour autant, le juge administratif ne s'est jamais désintéressé du contenu de l'intérêt général. La jurisprudence comme la doctrine ont tôt considéré que l'intérêt général était l'objet même de l'action de l'État et que l'administration ne devait agir que pour des motifs d'intérêt général. L'intérêt général est alors assimilé aux grands objectifs, voire aux valeurs de la nation : la défense nationale, le soutien de certaines activités économiques, la continuité du service public.

Toutefois, le juge administratif veille à ce que l'invocation de l'intérêt général ne recouvre pas un acte arbitraire, un détournement de pouvoir, et que la dérogation au principe d'égalité justifiée par une raison d'intérêt général soit bien en rapport avec l'objet poursuivi.

C'est ainsi que l'intérêt général est présent dans la décision d'expropriation pour cause d'utilité publique, mais celle-ci ne peut être légalement déclarée que « si les atteintes à la propriété privée, le coût financier et éventuellement les inconvénients d'ordre social qu'elle comporte ne sont pas excessifs eu égard à l'intérêt qu'elle présente » (CE Ass. 28 mai 1971, *Ville Nouvelle Est*). L'intérêt général siège aussi dans l'exercice du pouvoir de police des autorités administratives, qui peuvent s'opposer à l'exercice de certaines libertés individuelles pour des motifs d'ordre public. Ainsi, le respect de la liberté du travail, du commerce et de l'industrie n'a pas fait obstacle à ce qu'un maire puisse interdire l'attraction dite du « lancer de nain » (CE Ass. 27 octobre 1995, *Commune de Morsang-sur-Orge*). L'intérêt général n'est pas, au demeurant, l'exclusivité des personnes publiques, et il peut prendre en compte des intérêts privés ; lorsqu'elle invoque l'intérêt général, l'autorité administrative doit veiller à ce qu'il ne leur soit pas porté une atteinte excessive (CE Ass. 5 mai 1976, *SAFER d'Auvergne c. Bernette*). Enfin, il peut y avoir divergence entre l'intérêt général, identifié à l'intérêt national, et l'interprétation que font les juridictions internationales de certaines dispositions de conventions internationales, par exemple en ce qui concerne le droit à une vie familiale normale posé par l'article 8 de la Convention européenne de sauvegarde des droits de l'homme et des libertés fondamentales. Car, à la limite, l'intérêt général peut confiner à la raison d'État.

Si le juge constitutionnel – comme le juge administratif – a fait preuve d'une certaine prudence dans la définition de l'intérêt général, considérant qu'il n'a pas un pouvoir général d'appréciation comparable à celui du Parlement, une partie importante de ses décisions y fait référence. C'est ainsi qu'au fil du temps il a retenu une succession d'intérêts que l'on peut regarder comme autant de démembrements de l'intérêt général : le caractère culturel de certains organismes, une bonne administration de la justice, des limitations au droit de grève dans les services de la radio et de la télévision, le logement des personnes défavorisées, une meilleure participation du corps électoral, les nationalisations et la validation rétroactive de règles illégales.

II. – La crise du service public

Dans la conception française, l'intérêt général ne saurait donc se réduire à la somme des intérêts particuliers ; il est d'une autre qualité, associé à la constitution ancienne de l'État-nation, à la forme centralisée que celui-ci a rapidement prise, et aux figures historiques qui l'ont incarné tels Richelieu, Colbert ou Napoléon. Il s'ensuit, traditionnellement, une distinction franche public-privé que l'on fait remonter habituellement au Conseil du roi de Philippe le Bel à la fin du XIIIe siècle et que matérialise un service public important, fondé sur des principes spécifiques.

1. **Une notion simple devenue complexe.** – Pendant longtemps, la notion de service public a été caractérisée par la réunion de trois conditions : une mission d'intérêt général, l'intervention d'une personne morale de droit public, un droit et un juge administratifs. Son objectif n'était donc pas la seule rentabilité, mais l'accomplissement de missions diverses ressortis-

sant à l'idée que le pouvoir politique se faisait de l'intérêt général. Les sujétions de service public correspondantes devaient faire l'objet d'un financement par l'impôt et non par les prix, ce qui entraînait, en contrepartie, l'existence de prérogatives de service public telles que, par exemple, la responsabilité de l'État ne pouvait le plus souvent être recherchée que sur la base d'une faute d'une certaine gravité.

Cette conception de base, simple à l'origine, s'est complexifiée sous l'effet d'un double mouvement. D'une part, le champ du service public s'est étendu à de nouveaux besoins, à des activités jusque-là considérées comme relevant du privé (régies, services publics industriels et commerciaux). D'autre part, des missions de service public ont été confiées à des organismes privés (assurances sociales et Sécurité sociale, compétence en matière disciplinaire d'ordres professionnels ou de fédérations sportives). En outre, l'extension du secteur public, base matérielle d'une partie importante du service public, a rendu l'un et l'autre plus hétérogènes. Le service public économique s'est plus franchement distingué du service public administratif. De nombreuses associations ont proliféré à la périphérie des personnes publiques, notamment des collectivités locales. Le champ ouvert à la contractualisation a affaibli l'autorité du règlement.

2. **Service public et construction européenne.** – Cependant, c'est le conflit entre la conception française de l'intérêt général et du service public, d'une part, et les principaux objectifs de la construction européenne, d'autre part, qui alimente aujourd'hui ce que l'on peut appeler une crise du service public ou du service d'intérêt économique général, selon la terminologie communautaire courante. Alors que la conception française du service public s'est traditionnellement ré-

férée à trois principes, égalité, continuité et adaptabilité, une autre logique lui est opposée, de nature essentiellement économique et financière, l'option d'une économie de marché et de concurrence dont les critères sont essentiellement monétaires : taux d'inflation et fluctuations monétaires, déficit des finances publiques, taux d'intérêt à long terme.

La traduction juridique de cette démarche conduit à une marginalisation des mentions relatives à l'intérêt général ou au service public dans le traité instituant la Communauté européenne. De fait, le service public n'est expressément mentionné qu'à l'article 73, au sujet du remboursement de servitudes dans le domaine des transports. Les quelques articles qui font référence à la notion, sous des vocables divers, traduisent son caractère d'exception. Ainsi, l'article 86, relatif aux entreprises chargées de la gestion de « services d'intérêt économique général », les assujettit aux règles de la concurrence en ne formulant qu'une réserve de portée limitée, « dans les limites où l'application de ces règles ne fait pas échec à l'accomplissement en droit ou en fait de la mission particulière qui leur a été impartie ». Il donne mandat à la Commission de veiller au respect des règles de concurrence, en adressant « les directives ou décisions appropriées aux États membres ». L'objectif de « renforcement de la cohésion économique et sociale » figure, par ailleurs, aux articles 3 et 158.

On peut toutefois noter, au cours des dernières années, une certaine prise de conscience favorable à la notion de service d'intérêt général, traduite notamment par trois arrêts de la Cour de justice des Communautés européennes. L'arrêt *Corbeau* du 19 mai 1993 décide qu'un opérateur, distinct de l'opérateur du service d'intérêt général, peut offrir des services spécifiques dissociables du service d'intérêt général de distribution du courrier, mais seulement « dans la mesure où ces services ne mettent pas en cause l'équilibre économique du service d'intérêt général ». L'arrêt *Commune d'Almélo* du 27 avril 1994 prévoit qu'une entreprise régionale de distribution d'énergie électrique peut passer une clause d'achat exclusif « dans la mesure où cette restriction à la concurrence est nécessaire pour permettre à cette entreprise d'assurer sa mission d'intérêt général ». Enfin, un arrêt intervenu sur une action en manquement, *Commission des Communautés européennes c. République française*, du 23 octobre 1997, a admis l'existence de droits exclusifs d'importation et d'exportation de EDF et de GDF, en considérant qu'ils n'étaient pas contraires aux échanges intracommunautaires d'électricité et de gaz.

Cela dit, c'est une conception restrictive du service d'intérêt général qui continue de prévaloir au sein de l'Union européenne, comme en témoigne la réforme structurelle des services de télécommunications, qui a fait éclater ce service public en trois catégories : le service universel (le téléphone de poste fixe à poste fixe, la publication de l'annuaire), les missions d'intérêt général (relatives aux fonctions de sécurité de l'État) et les services obligatoires imposant l'existence d'une offre de nouveaux services sur l'ensemble du territoire, mais sous la contrainte de l'équilibre financier, ce qui ôte toute garantie que le principe d'égalité soit effectivement respecté.

Suite à la ratification du traité d'Amsterdam, l'article 16 du traité instituant la Communauté européenne associe valeurs communes et services d'intérêt économique général : « Sans préjudice des articles 73, 86 et 87, et eu égard à la place qu'occupent les services d'intérêt économique général parmi les valeurs communes de l'Union ainsi qu'au rôle qu'ils jouent dans la promotion de la cohésion sociale et territoriale de l'Union, la Communauté et ses États membres, chacun dans les limites de leurs compétences respectives et dans les limites du champ d'application du présent traité, veillent à ce que ces services fonctionnent sur la base de principes et dans des conditions qui leur permettent d'accomplir leurs missions. »

III. – Service public et secteur public

Que le service public doive s'adapter ne fait pas de doute, c'est même la condition d'application du principe de continuité. Mais la refondation du service public économique, appelée notamment par le progrès technique et la mondialisation, est inséparable de celle de sa base matérielle essentielle, le secteur public.

1. **Refondation du service public.** – Les grandes entreprises publiques ont été constituées, au lendemain de la seconde guerre mondiale, sur la base d'un principe de spécialisation leur conférant un monopole de production. Ensuite, ces entreprises ont acquis un savoir-faire dans un grand nombre de domaines connexes dont l'exercice est indispensable à leur équilibre financier. Cette évolution a conduit à définir de nouveaux concepts et à prévoir qu'une « certaine marge de diversification » était admissible, autorisant, par exemple, EDF à développer des activités d'ingénierie, mais non de télésurveillance. La complexification du service public se manifeste aussi de multiples façons : difficulté grandissante à rendre compatibles les différents schémas d'aménagement du territoire, opacité des documents soumis aux enquêtes en vue des déclarations d'utilité publique (ce qui oblige à rédiger des résumés non techniques des études d'impact), multiplication des lois « transversales » (eau,

montagne, littoral, air) parfois mal articulées aux lois déjà existantes.

Les justifications du service public reposent sur l'idée que c'est en son sein que l'on rencontre les tâches les plus nobles, car finalisées par l'intérêt général, et les plus difficiles, en raison de l'ampleur des processus de socialisation qui s'y développent. Le service public aurait ainsi une vocation spécifique à servir de référence en matière de modernité (poids des dépenses de recherche, progrès de la science économique, de l'informatique, Concorde, Airbus, TGV, etc.), de rationalité (choix multicritères, gestion prévisionnelle des effectifs, rationalisation des choix budgétaires, évaluation des politiques publiques) et d'équité (relations administration-usagers, accès aux documents administratifs, motivation des actes administratifs). La demande de service public n'a cessé de croître au cours des dernières décennies, en relation avec la crise de l'État-providence, les atteintes à la cohésion sociale, le développement de l'exclusion, notamment dans les domaines de la sécurité, de la justice, de la solidarité sociale et de la diffusion du savoir. Seul le service public peut développer sur le long terme les politiques publiques nécessaires en ces domaines.

La réponse libérale a consisté en une assez large dérégulation. Un transfert de pouvoir réglementaire a été opéré en faveur d'autorités administratives indépendantes (Commission des opérations de bourse, Commission nationale de l'informatique et des libertés, Conseil supérieur de l'audiovisuel, Autorité de régulation des télécommunications) sans que l'activité réglementaire globale diminue pour autant. Des services administratifs ont été transformés en établissements publics administratifs, en établissements publics industriels et commerciaux, et, souvent, en sociétés commerciales à capitaux d'État, mixtes ou privés (Service des poudres, Service d'exploitation des tabacs et allumettes, Groupement industriel des armements terrestres, Imprimerie nationale, Direction des constructions navales). De nouvelles catégories d'établissements publics ont vu le jour (La Poste et France Télécom). Dans le même temps, la faible croissance a mis en difficulté les budgets sociaux et a conduit, malgré la pénurie des moyens, à multiplier les organismes de transferts sociaux et de solidarité.

Cette évolution générale a amené les pouvoirs publics à engager une réflexion sur la refondation et les perspectives du service public. Cette réflexion s'est développée dans plusieurs rapports officiels visant soit à compléter les principes traditionnels (égalité, continuité et adaptabilité) par de nouveaux principes (neutralité, laïcité, transparence, participation et déontologie), soit à séparer la doctrine du service public, jugée toujours fondée, du mode d'organisation susceptible de prendre des formes et des statuts variés, soit à concevoir une large réorganisation des structures administratives et gouvernementales.

2. **Service public et propriété publique.** – Il n'y a pas identité du service public et du secteur public, propriété de l'État ou d'une autre collectivité publique. On a reconnu très tôt aux personnes publiques la possibilité de se livrer à des actes de gestion privée et de contracter (CE 6 février 1903, *Terrier*). Réciproquement, des organismes privés peuvent être chargés de missions de service public, par la voie de la concession, par exemple (CE 10 janvier 1902, *Compagnie nouvelle du gaz de Déville-lès-Rouen*), mais même en dehors de tout système contractuel (CE Ass. 13 mai 1938, *Caisse primaire « Aide et protection »)*. Pourtant, si, au niveau micro-économique, il est possible, en certains cas, d'opérer une nette dissociation entre service

public et secteur public, cette séparation n'est guère soutenable au niveau macro-économique, car c'est dans le cadre de la société tout entière que se définit l'intérêt général et que le service public comme le secteur public trouvent leurs justifications principales.

La propriété privée est un attribut de la citoyenneté, mais elle pcut connaître des limitations qui elles-mêmes font partie de la citoyenneté. Ainsi, après l'article 1er qui évoque l'« utilité commune », l'article 17 de la Déclaration des droits de l'homme et du citoyen dispose que, « la propriété étant un droit inviolable et sacré, nul ne peut en être privé, si ce n'est lorsque la nécessité publique, légalement constatée, l'exige évidemment, et sous la condition d'une juste et préalable indemnité », tandis que l'article 545 du Code civil indique également que « nul ne peut être contraint de céder sa propriété, si ce n'est pour cause d'utilité publique ». L'« utilité publique » ou « commune », la « nécessité publique » transcendent donc le droit individuel de propriété, parce qu'elles participent de l'intérêt général justifiant parfois l'existence d'une propriété publique par expropriation pour cause d'utilité publique. Le concept de propriété change alors de nature : d'un droit *(usus, fructus, abusus),* il devient une fonction sociale.

Cette fonction a vu ses justifications s'élargir. Le Préambule de la Constitution de 1946 prévoit ainsi que : « Tout bien, toute entreprise, dont l'exploitation a ou acquiert le caractère d'un service public ou d'un monopole de fait doit devenir propriété de la collectivité. » Plus tard, en 1972, le Programme commun de gouvernement du Parti communiste et du Parti socialiste précisera les critères de nationalisation dans le secteur industriel. C'est par application de ces critères qu'ont été nationalisées, totalement ou partiellement, plusieurs dizaines de sociétés en 1982.

Depuis, un mouvement constant de privatisations s'est développé. Toutefois, l'existence d'un secteur public, qui reste très vaste et joue un rôle stratégique dans la vie économique et sociale, conserve à la question de la propriété publique et, plus généralement, au concept d'appropriation sociale, une importance certaine, à la fois économique et politique. Elle demeure un sujet de réflexion et d'étude pouvant prendre diversement appui sur des notions comme celles de « patrimoine commun de l'humanité » ou de « destination universelle des biens ». D'ailleurs, le traité instituant la Communauté européenne n'y fait pas obstacle puisque son article 295 dispose que « le présent traité ne préjuge en rien le régime de la propriété dans les États membres ».

Chapitre II

UN PRINCIPE D'ÉGALITÉ

Le principe d'égalité est l'un des plus constants du droit public. Il est étroitement associé, dès l'article 1er de la Déclaration des droits, à la conception de l'intérêt général qui vient d'être évoquée. Avec la liberté, il fonde le caractère démocratique d'une société.

I. – Élaboration du principe

Élément central de la devise républicaine, le principe d'égalité n'a connu que tardivement la consécration constitutionnelle.

1. **Un principe fondateur.** – La loi, étant l'expression de la volonté générale, ne peut exprimer qu'une volonté générale d'égalité, et l'égalité produit nécessairement la liberté en raison de l'universalité de la loi. Depuis J.-J. Rousseau, volonté générale (la loi) - égalité - liberté sont ainsi étroitement liées dans le contrat social. Cette conception unifiée de l'État de droit se distingue des conceptions libérales fondées sur le droit naturel à contester le pouvoir d'État (J. Locke) ou sur la division du pouvoir (Montesquieu). Pour autant, il apparaît très tôt que la seule affirmation par la loi est insuffisante pour rendre compte du principe d'égalité et qu'il convient de distinguer l'égalité en droit de l'égalité réelle. Cette distinction s'imposera d'autant plus que les critères de l'égalité ne cesseront de se diversifier et de se complexifier.

Le juge administratif suppléera longtemps le caractère incertain de la Déclaration des droits en développant, tout au long du XXe siècle, une abondante jurisprudence faisant application du principe d'égalité : égalité des citoyens devant les règlements administratifs, égalité fiscale, égalité des usagers du service public, égalité des sexes, égalité devant les charges publiques. Après la seconde guerre mondiale, à la faveur des circonstances, les droits démocratiques, de droits implicites deviennent principes généraux du droits, règles non écrites ayant valeur législative, même en l'absence de texte.

2. **Consécration constitutionnelle.** – Le principe d'égalité trouve la consécration constitutionnelle avec la Constitution de 1958, qui proclame dès l'article 1er « l'égalité devant la loi de tous les citoyens sans distinction d'origine, de race ou de religion » et, à l'article 3, que le suffrage est « universel, égal et secret ». L'institution du Conseil constitutionnel va permettre à celui-ci de donner une valeur constitutionnelle au Préambule de cette Constitution et aux textes auxquels il renvoie (Déclaration des droits de 1789 et Préambule de la Constitution de 1946), créant ainsi un « bloc de constitutionnalité » de grande ampleur et élargissant dans la même mesure le champ de son contrôle (CC décision n° 71-44 DC du 16 juillet 1971, *Loi sur la liberté d'association*).

C'est par cette voie qu'est affirmée bientôt la valeur constitutionnelle du principe d'égalité (CC décision n° 73-51 DC du 27 décembre 1973, *Loi de finances pour 1974*).

Par la suite, le Conseil constitutionnel usera largement de la possibilité qu'il s'est ouverte pour rappeler de façon constante le nécessaire respect des principes généraux du droit, et notamment du principe d'égalité : près de 40 % des décisions du Conseil constitutionnel sont rendues en statuant sur le principe d'égalité. On relèvera, en particulier, l'équilibre de la position adoptée au sujet de l'égalité du suffrage : l'égalité politique des citoyens exprimée de cette façon a conduit le Conseil, par exemple, à rejeter pour des élections prud'homales le vote plural des employeurs en fonction des effectifs qu'ils salariaient, ou encore l'institution d'un quota minimal de 25 % de candidats de l'un ou l'autre sexe sur les listes soumises au suffrage (CC décision n° 82-146 DC du 18 novembre 1982).

En revanche, le Conseil considérera que les décisions relatives au découpage des circonscriptions ont un caractère essentiellement politique et qu'il n'a pas, à cet égard, un pouvoir de contrôle égal à celui du Parlement. Il se borne, en la matière, à vérifier que les découpages sont faits « sur des bases essentiellement démographiques », et il apprécie le sens de l'évolution par rapport au découpage antérieur.

L'existence d'une base constitutionnelle aujourd'hui plus claire (notamment les articles 1er, 6 et 13 de la Déclaration des droits, plusieurs alinéas du Préambule de la Constitution de 1946, les articles 1er et 3 de la Constitution de 1958) ne lève pas toutes les difficultés et entre autres celles qui résident dans l'appréciation des différences de situations justifiant que soient appliquées des règles différentes. Par ailleurs, alors qu'en France le principe d'égalité siège dans la généralité de la loi, il est examiné par la Communauté européenne dans le concret des situations, le plus souvent à propos de questions économiques, sur la base du principe suivant : à situations égales, règles identiques ; à situations différentes, règles différentes, avec contrôle, exercé par le juge, de la proportionnalité des moyens employés aux buts poursuivis.

II. – Confrontation du principe et de la réalité

L'idée selon laquelle le respect de la seule égalité formelle ne peut que révéler et confirmer les inégalités réelles n'est pas nouvelle. Mais elle prend aujourd'hui plus d'importance, car, alors que l'État-providence est en difficulté et que l'État-nation se trouve relativisé, les situations d'inégalité se diversifient et se cumulent.

1. **Égalité et différenciation.** – Le principe d'égalité ne joue que toutes choses égales par ailleurs, et il n'impose pas qu'à toute différence de situations corresponde une différence de droits. La différence de situations doit être suffisamment nette, objective et rationnelle ; la différence de traitement doit être en rapport avec l'objet de la loi et être, autant que possible, proportionnée à la différence de situations.

Cela dit, certaines discriminations sont clairement interdites : celles qui se fonderaient sur la race, la religion, l'origine ou la croyance. Les pouvoirs exécutif et législatif y veillent, et le juge, de ce fait, est peu intervenu à ce sujet. Néanmoins, il a sanctionné des décisions qui refusaient le bénéfice de congés à des agents publics en raison de leur origine ethnique ou qui interdisaient l'accès à l'école publique d'enfants étrangers. De même, il s'est opposé à ce que des emplois publics soient réservés à certaines catégories de la population en raison de leur origine, et à des découpages électoraux qui visaient à favoriser une partie du corps électoral. C'est dans le même esprit que le juge constitutionnel a jugé non conforme à la Constitution la reconnaissance d'un « peuple corse » comme composante du peuple français, considérant que la République française est indivisible, qu'aucune section du peuple ni aucun individu ne peuvent s'attribuer l'exercice de la souveraineté nationale, puisque celle-ci est elle-même indivisible, et que la Constitution ne connaît que le peuple français, sans distinction d'origine, de race ou de religion (CC décision n° 91-290 du 9 mai 1991, *Statut de la Corse*).

Néanmoins, dans de nombreux cas, outre l'invocation de l'intérêt général, l'adaptation nécessaire du principe aux réalités conduit à une application très pragmatique qui ne manque pas de provoquer maints débats. On est alors tenté d'opposer égalité et équité. Ainsi certaines municipalités ont-elles pu instaurer, en faveur de leurs ressortissants, des tarifs réduits pour la cantine ou les écoles de musique, et certaines d'entre elles pousser même la modulation jusqu'à tenir compte du niveau de revenu des usagers et des situations familiales. La différenciation des concours d'accès aux emplois publics a conduit à distinguer, en 1946, concours interne et concours externe. Une « troisième voie » d'accès à l'École nationale d'administration a été créée en 1983, prenant en compte l'expérience du service public que pouvaient faire valoir certains candidats dans l'exercice de fonctions syndicales, associatives ou électives. Il existe aussi des situations qui posent des problèmes particulièrement délicats : c'est le cas de la sélection des étudiants pour l'admission en faculté lorsque leur nombre est supérieur aux places disponibles, ou encore le choix des malades susceptibles de bénéficier de certaines thérapies lorsque les moyens sont insuffisants pour répondre à tous les demandeurs ; le tirage au sort ou la sélection par des critères inadéquats peuvent alors se révéler profondément injustes et inhumains. Des situations encore plus angoissantes sont susceptibles de se présenter dans l'avenir avec les progrès de la connaissance du génome humain, qui pourraient conduire à l'identification de certaines prédispositions positives ou négatives pouvant orienter des choix dans la formation, la vie professionnelle, voire la vie privée.

C'est aussi le divorce entre principe et réalité qui a conduit à développer le champ des « discriminations positives », traduction de l'*affirmative action,* instituée aux États-Unis pour tenter de compenser les handicaps à la promotion sociale présentés par certaines catégories sociales, identifiées aussi bien par des faiblesses physiques que par l'origine ethnique. L'idée se trouve déjà dans l'article 13 de la Déclaration des droits, qui prévoit que l'indispensable contribution fiscale « doit être également répartie entre tous les citoyens, en raison de leurs facultés ». On peut voir dans cet énoncé la nécessité de la progressivité de l'impôt comme condition de l'égalité devant les charges publiques. Il reste à fixer le degré de différenciation à introduire entre un minimum en dessous duquel la correction de l'inégalité réelle serait insuffisante et le principe d'égalité non respecté et un maximum audelà duquel l'arbitraire et le détournement de pouvoir pourraient être invoqués.

En dehors de la difficulté à fixer le bon niveau des actions positives, on peut aussi en craindre certains effets pervers. Ainsi, la définition de catégories ou de zones prioritaires, outre les effets de frontière ou de seuil qu'elle provoque inévitablement (d'autant plus discriminants que ces limites sont définies avec précision), peut d'une part entraîner pour les populations concernées un « effet de signalisation » susceptible d'aggraver leur marginalisation, d'autre part substituer l'intercommunalité et la péréquation financière à un aménagement rationnel du territoire. La poursuite de l' « égalité des chances » peut elle-même apparaître discutable dans la mesure où elle centre sur l'individu et sa réussite sociale le rétablissement de l'égalité, alors qu'est posé avant tout le problème de l'égalité des citoyens dans la plénitude de l'exercice de leur citoyenneté.

2. **Égalité et parité.** – Bien que la Déclaration des droits ait affirmé l'égalité des hommes en droits et l'égal accès des citoyens aux emplois publics « sans autres distinctions que celles de leurs vertus et de leurs talents » et qu'une tendance lente de la juridiction administrative ait favorisé l'accès des femmes à la fonction publique, il faut attendre l'ordonnance du 21 avril 1944 pour qu'elles soient reconnues « électrices et éligibles dans les mêmes conditions que les hommes », la loi du 19 octobre 1946 portant statut général des fonctionnaires pour que soit affirmé qu' « aucune discrimination n'est faite pour l'application du présent statut entre les deux sexes » et le Préambule de la Constitution du 27 octobre 1946 pour confirmer que « la loi garantit à la femme, dans tous les domaines, des droits égaux à ceux des hommes ».

Des réserves juridiques ont été maintenues, tenant notamment, dans la fonction publique, à la « nature » des fonctions exercées ou aux « conditions d'exercice » de ces fonctions. Prolongeant l'évolution amorcée, et sous l'influence du droit communautaire, la loi du 7 mai 1982 a remplacé ces critères par la notion de « condition déterminante de l'exercice des fonctions », et le nombre de corps pour lesquels des recrutements distincts pour les hommes ou les femmes sont prévus a été fortement diminué, ramené à quinze en 1984. Cependant, un arrêt de la Cour de justice des Communautés européennes a considéré, en 1988, que la France avait manqué à ses obligations en maintenant un aussi grand nombre de dérogations au principe d'égalité (318/86, *Commission des Communautés européennes c. République française*, 30 juin 1988).

En dehors de restrictions, au demeurant en réduction, à l'ouverture d'emplois à statut militaire aux femmes (emplois à bord de sous-marins et emplois de la gendarmerie mobile), il n'y a plus aujourd'hui, en France, dans la fonction publique de l'État, que deux corps faisant l'objet de recrutements distincts : les gradés et surveillants de l'administration pénitentiaire et les chargées d'éducation des maisons de la Légion d'honneur.

Les dernières décisions de la Cour de justice des Communautés européennes n'écartent pas les actions positives pour favoriser l'égalité des femmes et des hommes dans la vie professionnelle. Le traité d'Amsterdam, lui-même, dispose en son article 141 que « le principe d'égalité de traitement n'empêche pas un État membre de maintenir ou d'adapter des mesures prévoyant des avantages spécifiques destinés à favoriser l'exercice d'une activité professionnelle par le sexe sous-représenté ou à prévenir ou compenser des désavantages dans la carrière professionnelle. »

Cela dit, la réalité contredit durablement le principe d'égalité. À qualification égale, les femmes sont, en moyenne, moins bien rémunérées que les hommes, elles demeurent très minoritaires dans les postes d'encadrement aussi bien dans le secteur public que dans le secteur privé, et, alors qu'elles constituent la majorité du corps électoral, elles ne sont que très faiblement représentées dans les assemblées politiques, tant locales que nationales. Force est ainsi de prendre acte du fait que l'égalité des droits n'est pas parvenue, en longue période, à se traduire par un progrès décisif de l'égalité civique. La loi constitutionnelle du 8 juillet 1999 a modifié la Constitution pour prévoir que « la loi favorise l'égal accès des femmes et des hommes aux mandats électoraux et fonctions électives » (art. 3) et que les partis contribuent à la mise en œuvre de ce principe dans les conditions déterminées par la loi (art. 4). Une loi du 6 juin 2000 a prévu en ce sens des dispositions paritaires concernant les élections se déroulant au scrutin de liste et des mesures de réduction des aides attribuées aux partis et groupements politiques en cas de non-respect de l'égalité des candidatures pour les autres modes de scrutin. Mais si ce dispositif a été efficace lors des élections municipales de 2001 (47,5 % de conseillères municipales dans les villes de plus de 3 500 habitants), il ne l'a pas été aux élections législatives de 2002 : les femmes, qui ne représentaient que 10,7 % des 577 députés en 1997, n'atteignent que 12,3 % en 2002 (plus neuf sièges). Les principaux partis préfèrent subir les pénalités financières prévues par la loi plutôt que de s'astreindre à une égalité effective.

III. – Égalité et intégration

1. **Le modèle français d'intégration.** – Sous l'Ancien Régime, sont sujets du roi les personnes nées sur le territoire du royaume. La naissance sur le sol de la France s'affirme comme critère déterminant d'appartenance à la collectivité nationale, qui devient celle des citoyens par la Révolution française. La combinaison de la filiation, du lieu de naissance et de la résidence est clairement exposée dès l'article 2 de la Constitution de 1791. Contre l'avis de Bonaparte, le Code civil de 1804 rejette le simple droit du sol et privilégie la transmission de la nationalité par la filiation. Il faut attendre la loi de 1851, sous la IIe République, pour que soit introduit le double droit du sol qui fait qu'une personne née en France d'un étranger qui y était né lui-même est française dès sa naissance, mais elle peut y renoncer à sa majorité. Cette possibilité de répudiation disparaît avec la loi de 1889, qui, tout

en conservant le double droit du sol, rend automatique, à la majorité, l'acquisition de la nationalité française par un enfant né en France d'un père étranger qui n'y est pas né lui-même. Ainsi se trouve confirmée une tradition pluriséculaire qui ne sera remise en cause qu'en 1993, avant d'être partiellement rétablie en 1998.

Cette évolution juridique n'est pas sans rapport avec les préoccupations économiques ou politiques manifestées à chaque époque. Jusqu'à la Révolution française, la France a été surtout un pays d'émigration, souvent pour raison religieuse. C'était le pays le plus peuplé d'Europe, et on peut rappeler l'exode des huguenots après la révocation de l'édit de Nantes ou les installations vivaces de Français au Québec ou en Louisiane. Elle est devenue un pays d'immigration durable au début du XIXe siècle pour des raisons qui se sont cumulées : hémorragies des guerres révolutionnaires et napoléoniennes, baisse de longue période du taux de fécondité, retard au développement de la révolution industrielle. Jusqu'à la décision d'arrêter officiellement l'immigration de travailleurs immigrés, en 1974, le recours à la main-d'œuvre étrangère n'était pas contesté et a constitué un facteur de compétitivité important de l'économie française. Plus généralement, la France a assuré sa cohésion sociale, comme l'a montré F. Braudel, sur sa capacité à intégrer, au cours des siècles, des populations étrangères extrêmement diverses, et le processus d'intégration se poursuit encore activement en dépit de toutes les fractures sociales.

2. **Logique des minorités et multiculturalisme.** – Les conceptions étrangères admettent généralement l'existence de minorités qui sont rarement définies avec précision, mais qui reposent le plus souvent sur

une identification par critères ethniques, linguistiques, religieux ou culturels, les critères culturels pouvant d'ailleurs, dans une acception globalisante, mais le plus souvent confuse, recouvrir l'ensemble des autres critères. Ces conceptions conduisent, certes, à reconnaître aux individus le bénéfice des droits de l'homme, mais aussi des droits spécifiques relevant de leur rattachement à une communauté minoritaire tels que : la pratique publique de la langue communautaire, y compris dans les relations avec l'administration, une relative autonomie dans la gestion des affaires de la communauté et le droit d'établir des relations de caractère organique avec des ressortissants étrangers ayant les mêmes caractéristiques.

La conception française ne reconnaît que des individus-citoyens et apporte à chacun la même protection de la loi. Par là même elle protège le citoyen des contraintes que pourrait comporter son appartenance à une communauté minoritaire. Se trouvent ainsi créées les meilleures conditions de la liberté d'expression, y compris celles de l'expression minoritaire. Dans cet esprit, en 1981, le gouvernement français a assorti sa ratification du Pacte international relatif aux droits civils et politiques (dit « Pacte de New York ») dont l'article 27 tend à reconnaître aux minorités des droits collectifs, d'une déclaration aux termes de laquelle, compte tenu de l'article 1er de la Constitution, cet article 27 n'a pas à s'appliquer. Il a fait une semblable déclaration concernant la Convention des Nations Unies de 1990 sur les droits de l'enfant, à propos de son article 30, qui allait dans le même sens. Par un avis du 6 juillet 1995, le Conseil d'État, d'une façon moins diplomatique, a considéré que certaines dispositions de la Convention-cadre pour la protection des minorités nationales, que le Conseil de l'Europe invitait la France à signer, étaient contraires à la Constitution. Enfin, par une décision du 15 juin 1999, le Conseil constitutionnel a estimé que la Charte européenne des langues régionales ou minoritaires, signée le 7 mai 1999, comportait des clauses contraires à la Constitution en conférant des droits spécifiques à des « groupes » de locuteurs de langues régionales ou minoritaires à l'intérieur de « territoires » et en reconnaissant un droit à pratiquer une langue autre que le français non seulement dans la « vie privée » mais également dans la « vie publique » (justice, autorités administratives et services publics).

L'intégration fondée sur le principe d'égalité ne saurait conduire pour autant à une assimilation faisant disparaître toutes les particularités d'origines. Mais un droit à la différence débouchant sur une différence de droits collectifs ne pourrait conduire qu'à une hiérarchisation sociale de groupes, catégories ou communautés, contraire à la démocratie et à la citoyenneté. Sous la République romaine, Cicéron n'affirmait-il pas déjà que tout citoyen romain avait deux patries : la « patrie de droit » qui seule lui conférait la citoyenneté, et la « patrie d'origine » à laquelle il était naturellement attaché par des liens historiques et culturels ?

Chapitre III

UNE EXIGENCE DE RESPONSABILITÉ

L'intérêt général et l'égalité impliquent la liberté, mais celle-ci suppose la responsabilité. Ainsi se nouent les valeurs cardinales de la citoyenneté. Il s'agit d'une notion récente, qui n'apparaît vraiment qu'au XVIIIe siècle, car, pour qu'un sujet de droit soit responsable, il faut qu'un choix lui soit proposé et qu'il dispose des moyens de l'exercer.

I. – La dimension juridique de la responsabilité

Progressivement dégagé de l'emprise séculière des Églises sous l'Ancien Régime et attributaire de droits et de devoirs avec la Révolution française, le citoyen devient un sujet de droit plus actif.

1. **La responsabilité pénale.** – La responsabilité individuelle des peines est un principe moderne. Longtemps a prévalu la responsabilité de la famille, du clan, de la tribu exerçant une « vengeance privée », puis une « justice privée » qui gardait un caractère collectif. C'est avec l'avènement de la justice publique que la responsabilité pénale devient progressivement individuelle, et la Révolution française confirme le caractère personnel du crime, sans pourtant l'inscrire dans les textes, pas plus que ne le fera le Code pénal de 1810. Aujourd'hui, le nouveau Code pénal énonce

clairement le principe en son article 121-1 : « Nul n'est responsable pénalement que de son propre fait. »

La multiplication des interdépendances sociales a conduit à engager, au-delà des personnes physiques, les personnes morales (en dehors de l'État) quant aux infractions commises pour leur compte par leurs organes ou représentants, sans que pour autant soit écartée la responsabilité des personnes physiques auteurs ou complices des mêmes faits. Le nouveau Code pénal tire ainsi les conséquences du rôle important que les personnes morales jouent dans la société en matière d'environnement, de santé publique, de conditions de vie et de travail.

Mais le risque, en étendant au collectif la responsabilité de l'infraction, est de la diluer et donc d'aboutir au résultat inverse de celui qui est recherché : une déresponsabilisation globale qui pourrait conduire, au terme du raisonnement, à renvoyer la responsabilité sur la société tout entière. D'autant plus que le Code pénal considère qu'il n'y a pas crime ou délit sans intention de le commettre. Mais, lorsque la loi le prévoit, il y a délit en cas d'imprudence, de négligence ou de mise en danger délibéré de la personne d'autrui. C'est ainsi que l'article 121-3 du Code pénal prévoit, depuis une loi du 10 juillet 2000, qu'il y a délit lorsqu'il est établi que l'auteur des faits « n'a pas accompli les diligences normales compte tenu, le cas échéant, de la nature de ses missions ou de ses fonctions, de ses compétences ainsi que du pouvoir ou des moyens dont il disposait ». Ce qui concerne particulièrement les élus et les fonctionnaires. On peut également évoquer l'engagement de la responsabilité du chef d'entreprise, sans qu'il ait lui-même directement participé à l'infraction, pour des faits commis par des personnes placées sous son autorité, même dans le cas où il a délégué ses pouvoirs, ou encore, sous certaines conditions, la responsabilité du propriétaire d'un véhicule, responsable ou redevable pécuniairement des contraventions à la réglementation sur le stationnement des véhicules, sur les vitesses maximales autorisées et sur les signalisations imposant l'arrêt des véhicules, lorsque le conducteur n'a pu être identifié (art. L 121-2 et L 121-3 du Code de la route).

2. **La responsabilité civile.** – Il n'est pas toujours facile de démêler responsabilité pénale et responsabilité civile. Cette dernière est invoquée lorsque, dans l'exécution d'un contrat, un des contractants ne s'exécute pas, ou bien dans le cas où le citoyen commet une faute et doit la réparer, puisque, selon les termes de l'article 1382 du Code civil : « Tout fait quelconque de l'homme, qui cause à autrui un dommage, oblige celui par la faute duquel il est arrivé, à le réparer. » La responsabilité peut donc être contractuelle, délictuelle ou quasi délictuelle (négligence ou imprudence).

Lorsque la responsabilité est délictuelle, on retrouve des considérations déjà évoquées à propos de la responsabilité pénale qui associent étroitement responsabilité et citoyenneté. Ainsi, le dément et le jeune enfant ne sont pas directement responsables de leurs actes ; ils ne sont pas non plus citoyens. En revanche, les parents sont généralement et solidairement responsables des dommages causés par leurs enfants mineurs, les artisans de ceux que causent leurs apprentis, les instituteurs de ceux que causent leurs élèves (sous réserve que soit apportée la preuve de la faute des instituteurs), les maîtres et commettants des fautes de leurs préposés. Dans le même esprit, le propriétaire ou l'utilisateur d'un animal est responsable du dommage que celui-ci peut causer, le propriétaire d'un bâtiment est responsable des dégâts entraînés par sa ruine, et cela concerne chacun des dommages causés par le fait de personnes dont on doit répondre ou de choses que l'on a sous sa garde (art. 1384 du Code civil).

En matière de responsabilité contractuelle, « les conventions légalement formées tiennent lieu de loi à ceux qui les ont faites » (art. 1134 du Code civil). Si l'un des contractants ne s'exécute pas, il manque à son engagement et doit être sanctionné, soit en étant contraint de remplir ses obligations contractuelles par la force, soit, lorsque c'est impossible, en réparant le préjudice qu'il a causé à l'autre partie en allouant à celle-ci des dommages et intérêts. Mais il n'est pas toujours facile de déterminer la nature exacte de l'obligation : s'agit-il d'une obligation de moyens (opération d'un chirurgien) ou de résultat (transport de marchandises) ? Face à ces incertitudes, à la multiplication du nombre des dommages corporels accidentels, le risque a souvent été réparti sur la collectivité, socialisé par l'assurance rendue parfois obligatoire afin d'éviter le risque d'insolvabilité du débiteur.

3. **La responsabilité administrative.** – L'adage de l'Ancien Régime « Le roi ne peut mal faire » a fondé jusqu'à la Révolution française le principe de l'irresponsabilité de l'État. Ce principe a perduré, et la responsabilité de l'État n'a été que progressivement reconnue. Un système de responsabilité atténuée a été tout d'abord introduit par une loi de l'an VIII en matière de dommages causés par les travaux ou les ouvrages publics. Puis l'arrêt *Blanco* du tribunal des conflits, en 1873, reconnaît que, si la responsabilité de l'État « n'est ni générale ni absolue, elle a ses règles spéciales qui varient suivant les besoins du service et la nécessité de concilier les droits de l'État avec les droits privés ». Le principe de la responsabilité pu-

blique s'est ensuite étendu, y compris à la police, en 1905, et à la justice, en 1978.

Cette responsabilité a les mêmes sources qu'en droit privé. Le régime général reconnaît la responsabilité pour faute en distinguant la faute de service de la faute personnelle. La faute *de* service est le fait d'un fonctionnaire individualisable, mais commise dans le cadre du service et n'engageant pas la responsabilité personnelle de l'agent, seulement celle du service ; elle se distingue de la faute *du* service, que l'on ne peut individualiser. La faute personnelle – qui est généralement interprétée de façon restrictive – peut être purement personnelle ou se cumuler avec une faute de service, la charge de l'indemnisation pouvant alors être partagée entre l'agent et l'administration (CE 28 juillet 1951, *Delville et Laruelle*).

En matière de responsabilité administrative, il convient encore de distinguer la faute simple de la faute lourde, celle-ci étant exigée lorsque l'exécution du service est particulièrement difficile, ou si une loi a prévu d'en exonérer l'administration. Elle a aussi pour but de ne pas freiner l'initiative des agents publics. Longtemps la faute lourde a été exigée, par exemple pour engager la responsabilité d'un hôpital public pour des actes médicaux, mais la jurisprudence l'a progressivement abandonnée, et le mouvement général est celui d'une réduction du champ de la faute lourde, qui ne demeure plus qu'en trois domaines : la police, les impôts et le contrôle administratif. La responsabilité de l'État peut même être engagée sans faute avec une préoccupation d'équité à l'égard des victimes, ainsi que pour accompagner la volonté d'améliorer les relations entre l'administration et les citoyens.

II. – La dimension éthique de la responsabilité

La responsabilité ne se laisse pas enfermer dans un corpus de normes juridiques, sans qu'il soit pour autant possible de l'en affranchir. L'action politique comme l'action personnelle en société répondent à des logiques propres de responsabilité.

1. **La responsabilité politique.** – La difficulté de cerner la responsabilité politique tient à ce qu'elle s'apprécie d'une part au regard des finalités et des objectifs poursuivis par les responsables politiques, de l'autre par rapport aux règles de fonctionnement des institutions.

Il existe donc des mécanismes spécifiques d'engagement de la responsabilité politique, mais ils doivent, en même temps, veiller à la stabilité de l'État et des pouvoirs publics. Des tentatives pour instaurer une responsabilité politique eurent bien lieu sous l'Ancien Régime, mais elles échouèrent. La séparation des pouvoirs instituée sous la Révolution française ne permettait pas de mettre en cause la responsabilité des ministres, et seule leur responsabilité pénale était prévue, mais elle fut bien vite tournée en recherche de responsabilité politique. De curieuses formules ont été imaginées ; ainsi cet article 71 de la Constitution de l'an VIII : « Les ministres prévenus de délits privés emportant peine afflictive ou infamante, sont considérés comme membres du Conseil d'État. » C'est la Restauration qui introduisit un véritable contrôle politique, lequel se développa ensuite, mais sous des formes très équivoques. Depuis la Révolution française, une dizaine de ministres seulement ont été condamnés, soit pour corruption, soit pour raisons politiques.

Aujourd'hui, selon les dispositions de l'article 49 de la Constitution de la Ve République, la responsabilité du gouvernement peut être engagée sur son programme ou, éventuellement, sur une déclaration de politique générale, mais cette disposition est devenue facultative malgré la lettre de la Constitution (1er al.) ; sur un texte qui est adopté sans débat pour empêcher les manœuvres dilatoires de l'opposition (3e al.) ; à moins que l'Assemblée nationale, elle-même, mette en cause cette responsabilité par le vote d'une motion de censure (2e al.), mais la procédure en est rendue compliquée, et la majorité hostile des membres de l'Assemblée est requise. La responsabilité politique qui est ainsi en jeu a un caractère collectif et obligatoire : si une motion de censure l'emporte, elle oblige le gouvernement à démissionner (art. 50).

Cette construction rationnelle est favorable au pouvoir en place. Elle peut être recherchée dans un souci de stabilité politique, mais elle a comme contrepartie de rendre plus difficile l'intervention effective des citoyens dans les affaires publiques et de couvrir une importante délégation de pouvoir en faveur du président de la République et de sa majorité. À partir de là, la mise en cause de la responsabilité du président de la République est particulièrement délicate, puisque l'article 68 de la Constitution dispose qu'il « n'est responsable des actes accomplis dans l'exercice de ses fonctions qu'en cas de haute trahison », laquelle n'est pas définie. Dans sa décision du 22 janvier 1999, le Conseil constitutionnel a estimé que le président de la République, hors les cas de haute trahison, bénéficie d'une immunité et que, « pendant la durée de ses fonctions, sa responsabilité pénale ne peut être mise en cause que devant la Haute Cour de justice ».

Sans doute la sanction électorale exprimée à l'occasion de tout type de scrutin, et notamment lors des élections législatives, peut-elle être regardée comme une contestation de l'action du président et entraîner son retrait. Mais ce n'est plus vrai, en France, depuis la première cohabitation de 1986-1988, et, dans ce cas de figure, l'irresponsabilité du président de la République est encore plus grande, puisqu'il dispose, par exemple, du pouvoir discrétionnaire de refuser sa signature aux ordonnances soumises à son contreseing (art. 13 et 38 de la Constitution), alors qu'il ne joue pas, en régime de cohabitation, un rôle déterminant dans la politique conduite par le gouvernement.

Toutes les constitutions ont retenu le principe d'une responsabilité pénale des dirigeants politiques, mais sous une forme dérogatoire du droit commun, exception au principe d'égalité eu égard aux fonctions publiques assumées. La complexité des systèmes mis en place (Haute Cour de justice et Cour de justice de la République) a favorisé une extrême politisation de la pratique, comme on a pu le constater en plusieurs circonstances (affaires du Carrefour du développement et du sang contaminé).

La responsabilité politique est aussi celle de la haute fonction publique, à la charnière du politique et de l'administratif. Le comportement des corps constitués et des hauts fonctionnaires pendant la période d'occupation de la France, de 1940 à 1944, a montré que le simple respect de l'État de droit (ou de l'idée que l'on s'en faisait) ne pouvait tenir lieu de pleine responsabilité pour les administrations et ses principaux responsables, et qu'il demeurait un espace de libre détermination où les convictions politiques et les considérations éthiques devenaient décisives. Aujourd'hui, le fonctionnaire doit se conformer aux instructions de son supérieur hiérarchique « sauf dans le cas où l'ordre donné est manifestement illégal et de nature à compromettre gravement un intérêt public ». Il « n'est dégagé d'aucune des responsabilités qui lui incombent par la responsabilité propre de ses subordonnés » (art. 28 du titre I du Statut général des fonctionnaires). Il y a donc bien une responsabilité intime du fonctionnaire qui ne doit pas laisser place à la notion de « crime administratif » évoquée pendant le procès de M. Papon.

2. **La responsabilité morale.** – Le développement des techniques donne à l'homme plus de pouvoirs dans un monde plus riche d'interdépendances et plus aléatoire, mais dans lequel les solidarités se multiplient, relativisant ainsi la responsabilité personnelle. Il s'ensuit une tendance à la globalisation des risques qu'accompagne une technicisation de la responsabilité à travers l'évaluation des préjudices.

À cet égard, la responsabilité politique apparaît ambivalente. Elle peut, certes, être sanctionnée par le droit, mais elle comporte aussi la référence à un ensemble de valeurs invoquées à l'appui de l'action politique, telles la liberté, la justice et la souveraineté, dont la sanction est l'approbation ou la récusation, et l'enjeu le pouvoir. Ces valeurs ont une histoire, et les sociétés qui les portent, un héritage et une mémoire qui servent à explorer le présent et à formuler des projets. La responsabilité peut alors être invoquée dans le « devoir de mémoire », selon J. Greisch, mais aussi comme « fondement même d'une conception inédite de l'éthique » ; c'est le « principe responsabilité » de H. Jonas.

Le rapport étroit entre responsabilité morale et citoyenneté tient au fait que, depuis les Lumières, la responsabilité est associée à l'idée d'émancipation de l'homme vis-à-vis de toutes les transcendances, sinon de tous les déterminismes : Dieu, la nature, la prédestination et la fatalité. Ce sont les hommes qui établissent les règles morales, et c'est le principe de laïcité qui le leur permet.

III. – La laïcité

Ni la loi du 18 mars 1880, qui réserve la collation des grades à l'État, ni celles du 28 mars 1882, relatives à la gratuité de l'enseignement et à l'obligation scolaire, n'évoquent expressément la laïcité. J. Ferry, en revanche, défend « la cause de l'école laïque » dans sa lettre aux instituteurs du 27 novembre 1883. Puis intervient la loi de séparation des Églises et de l'État du 9 décembre 1905, dont les deux premiers articles posent les bases de l'enseignement laïque : « La République assure la liberté de conscience. Elle garantit le libre exercice des cultes sous les seules restrictions édictées ci-après dans l'intérêt de l'ordre public... La République ne reconnaît, ne salarie ni ne subventionne aucun culte. » Cette affirmation est tout à fait conforme à l'article 10 de la Déclaration des droits. Le Préambule de la Constitution de 1946 et l'article 1er de la Constitution de la Ve République se situent dans le même esprit.

1. **Une forte dialectique.** – Des circulaires ministérielles s'attacheront, tout d'abord, à faire respecter la neutralité dans le service de l'enseignement, en réglementant les activités de propagande politique des élèves. La jurisprudence du Conseil d'État imposera, de son côté, des obligations de service public strictes avec le même objectif de neutralité. Mais l'évolution la plus récente est marquée par une ouverture de l'école sur le monde extérieur, avec l'admission des représentants de parents et d'élèves dans le système scolaire et l'autorisation d'une information politique. L'article 10

de la loi d'orientation sur l'éducation du 10 juillet 1989 précise : « Dans les collèges et lycées, les élèves disposent, dans le respect du pluralisme et du principe de neutralité, de la liberté d'information et de la liberté d'expression. L'exercice de ces libertés ne peut porter atteinte aux activités d'enseignement. »

On peut déduire de cette évolution et des décisions du Conseil d'État (Avis du Conseil d'État au ministre de l'Éducation nationale du 27 novembre 1989 et CE 2 novembre 1992, *Kherouaa*) que, sur le plan juridique, la laïcité, dans l'enseignement, repose fondamentalement sur deux principes : d'une part, la neutralité des programmes et des enseignants ; d'autre part, la liberté de conscience des élèves. Subtil équilibre entre, d'un côté, l'affirmation selon laquelle l'État et les organismes qui en dépendent ne sauraient se référer à une quelconque transcendance ou à une religion officielle, et, de l'autre, la responsabilité de l'État de garantir à tous la liberté de conscience, de croyance et d'opinion.

Ces deux principes peuvent entrer en conflit si la manifestation des croyances ou des opinions met en cause le service public lui-même. C'est le cas si l'enseignant exprime unilatéralement un point de vue partisan (mais neutralité n'est pas indifférence aux idées) ; c'est aussi le cas lorsque la manifestation des croyances par les élèves met en cause l'ordre public avec des actions ostentatoires ou de prosélytisme, d'atteinte à la dignité, à la santé, à la sécurité, au fonctionnement normal du service public. La laïcité se situe dans cette tension entre des principes qui peuvent se révéler contradictoires ; la solution ne peut être trouvée que dans la vie concrète, sous la responsabilité des différents acteurs. Toutefois, on s'interrogera sur la réalité de la laïcité au-delà des principes proclamés : les jours fériés demeurent d'origine essentiellement religieuse et, contrairement aux dispositions de l'article 2 de la loi du 9 décembre 1905, l'Église reçoit à divers titres des financements publics importants. Enfin, l'Alsace-Moselle conserve son droit local fondé sur le Concordat.

On peut aussi estimer que la laïcité ne saurait se laisser enfermer dans une conception juridique, fût-elle constamment soumise à l'épreuve des faits et appréciée par le juge au cas par cas. La laïcité est également l'apprentissage civique du respect mutuel, la reconnaissance de l'autre, l'exercice de l'esprit critique, qui fait le citoyen actif et responsable dans une société démocratique.

2. **Islam et laïcité.** – La laïcité doit aujourd'hui, comme elle l'a fait dans le passé pour les autres religions, apporter une réponse à la pratique de la religion islamique en France et s'interroger, par ailleurs, sur la place de la laïcité dans les relations internationales.

En droit, la rencontre de la laïcité et de l'islam s'est focalisée sur l'affaire du « foulard islamique » de l'automne 1989, qui n'a cessé de rebondir ensuite au rythme de mesures d'exclusions d'établissements scolaires et d'arrêts, parfois contradictoires, de la juridiction administrative. La jurisprudence est cependant bien établie sur la base précédemment évoquée des principes de neutralité et de protection de la liberté de croyance dans le respect de l'ordre public. Celui-ci est entendu comme l'ensemble des règles qui permettent une vie paisible en société, règles qui ne peuvent être appréciées que dans la vie concrète, c'est-à-dire s'agissant de l'école, sous la responsabilité des chefs d'établissement. Mais on rencontre alors dans la pratique un autre principe du droit français : dans le domaine de la police administrative, il ne saurait y avoir d'interdiction de portée générale et absolue. C'est pourquoi ont été régulièrement sanctionnées les décisions des chefs d'établissement prises sur la base de règlements intérieurs interdisant purement et simplement le port du foulard islamique sans qu'il soit fait état d'un trouble à l'ordre public établi par des faits (CE 10 juillet 1995, *Ministre de l'Éducation nationale c. Mlle Saglamer,* et CE 9 octobre 1996, *Ministre de l'Éducation nationale c. Mlle Unal*). Toutefois, par une décision du 20 octobre 1999 *(Ministre de l'Éducation nationale, de la Recherche et de la Technologie c. M. et Mme Ait Ahmad)*, le Conseil d'État a affirmé que l'exercice de la liberté d'expression et de manifestation de croyances religieuses ne fait pas obstacle à la faculté pour les chefs d'établissement et, le cas échéant, les enseignants d'exiger des élèves le port de tenues compatibles avec le bon déroulement des cours, notamment en matière de technologie et d'éducation physique et sportive, sans qu'il soit nécessaire que l'administration justifie l'interdiction du port du foulard en établissant, dans chaque cas particulier, l'existence d'un danger pour l'élève ou les autres usagers de l'établissement.

Certains partisans d'une application plus stricte du principe de laïcité considèrent qu'une loi devrait intervenir pour mieux caractériser et pour interdire les signes ostentatoires et les actions de prosélytisme. Mais une telle démarche, amorcée par une circulaire du ministre de l'Éducation nationale du 20 septembre 1994 (dite circulaire Bayrou), rencontrerait trois difficultés : elle conduirait à interpréter la symbolique religieuse pour caractériser une volonté d'affirmer l'infériorité de la femme par rapport à l'homme ; elle ferait porter à de très jeunes filles le poids des contradictions entre une tradition religieuse et familiale et l'État de droit ; elle conduirait à une interdiction générale en matière de liberté publique. En réalité, s'il existe des difficultés, la mise en œuvre pratique de la conception française de la laïcité par l'État et les collectivités locales apparaît en mesure de résoudre la plupart des problèmes rencontrés, qu'il s'agisse du port du voile, des carrés musulmans dans les cimetières, de l'aménagement des lieux de culte et de l'organisation des abattages rituels.

3. **La laïcité, valeur universelle ?** – Moins d'une dizaine d'États dans le monde se réclament de la laïcité. La France est le seul pays, au sein de l'Union européenne, à avoir expressément inscrit le principe de laïcité dans sa constitution, bien que l'on puisse aussi compter le Portugal qui, sans que le mot soit utilisé, a retenu des règles constitutionnelles relevant du principe. Toutefois, si les relations États-Églises sont diverses en Europe (séparation, concordats et Églises officielles), on peut constater une convergence sur quelques principes communs tels que la non-intervention de l'État, la liberté religieuse et l'absence d'interférence juridique.

Le problème se pose en droit international dans le cadre des conventions et traités internationaux auxquels la France a souscrit. Ceux-ci mettent davantage l'accent sur les libertés individuelles et les libertés publiques que sur la neutralité de l'État, ce qui ne peut manquer d'avoir des conséquences sur les nouvelles conditions d'exercice de la conception française de la laïcité. Ainsi, l'article 9 de la Convention européenne de sauvegarde des droits de l'homme et des libertés fondamentales pose le principe de la liberté de religion, mais la Cour européenne des droits de l'homme lui a donné une portée bien plus importante qu'en France, puisque, dans l'un de ses arrêts, elle indique que « la liberté de religion... représente l'une des assises d'une société démocratique... Elle figure dans sa dimension religieuse, parmi les éléments les plus essentiels de l'identité des croyants et de leur conception de la vie, mais elle est aussi un bien précieux pour les athées, les agnostiques, les sceptiques ou les indifférents... La liberté de manifester sa religion comporte en principe le droit d'essayer de convaincre son prochain » (Cour européenne des droits de l'homme, 25 mai 1993, *Kokkinanis c. Grèce*). Mais une autre décision a rejeté comme manifestement privée de fondement une requête invoquant la violation de l'article 9 de la Convention contre le refus par une université d'État turque de délivrer un diplôme, au motif que, contrairement au règlement en vigueur, la requérante n'apparaissait pas sans foulard sur la photographie d'identité (Commission européenne des droits de l'homme, 3 mai 1993, *Karaduman c. Turquie*).

Le principe de laïcité est régulièrement invoqué à l'occasion de conflits locaux dans lesquels interfèrent pouvoirs d'État et communautés religieuses ou ethniques (Algérie et ancienne Yougoslavie). Il n'est pas contradictoire avec l'existence, sur le plan international, de pays dotés de constitutions théocratiques, à condition qu'aucun ordre de nature philosophique ou religieuse ne prétende prévaloir sur les règles de droit international définies en commun. La charte des Nations Unies ne mentionne pas expressément le principe de laïcité, mais elle bannit toute discrimination fondée sur la race, le sexe, la langue ou la religion et fonde la coopération internationale, en son article 55, sur « le respect universel et effectif des droits de l'homme et des libertés fondamentales pour tous ».

DEUXIÈME PARTIE

L'EXERCICE DE LA CITOYENNETÉ

Chapitre IV

LE STATUT DU CITOYEN

La citoyenneté se définit le plus souvent par défaut, en creux, le citoyen par le non-citoyen, c'est-à-dire celui qui ne dispose pas de ses droits civiques : les mineurs, qui n'ont pas l'âge d'exercer ces droits (ce qui exclut la notion d'enfant-citoyen), les personnes frappées d'une condamnation pénale qui leur a fait perdre les prérogatives des citoyens et les étrangers.

On ne peut pour autant ignorer certains essais de définition politique. Ainsi selon J.-J. Rousseau : « À l'égard des associés ils prennent collectivement le nom de Peuple, et s'appellent en particulier citoyens comme participant à l'autorité souveraine, et sujets comme soumis aux lois de l'État », ajoutant : « Ces mots de sujets et de souverain sont des corrélations identiques dont l'idée se réunit sous le seul mot de citoyen. » Pour D. Fustel de Coulanges, on reconnaissait le citoyen de la cité grecque « à ce qu'il avait part au culte de la cité, et c'était de cette participation que lui venaient tous ses droits civils et politiques... La participation au culte entraînait avec elle la possession des droits. Comme le citoyen pouvait assister au sacrifice qui précédait l'assemblée, il pouvait aussi voter. Comme il pouvait faire les sacrifices au nom de la cité, il pouvait être prytane et archonte. Ayant la religion de la cité, il pouvait en invoquer la loi et accomplir tous les actes de la procédure ». La transposition au citoyen moderne est aisée. Mais on se rapproche du droit constitutionnel par cette définition donnée par G. Burdeau : « Le citoyen, ce n'est pas l'individu réel avec ses faiblesses, son égoïsme, son aveuglement et ses enthousiasmes. C'est l'homme éclairé par la raison, parlant selon les impératifs de cette raison commune à tous, et, par conséquent, débarrassé des préjugés de classe et des soucis inhérents à sa condition économique, capable d'opiner sur la chose publique sans être dominé par son intérêt personnel, bref c'est une manière de saint laïc qui doit sa qualité de membre du souverain – la Nation – à son désintéressement. »

I. – La citoyenneté politique

Elle s'exprime par son contenu juridique et sa référence déterminante à la nationalité.

1. **Les droits civiques.** – La Déclaration des droits de 1789 mêle droits de l'homme et droits du citoyen, mais pointe cependant clairement la dimension politique de la citoyenneté dans certains de ses articles. Les citoyens ont droit de concourir personnellement ou par leurs représentants à la formation de la loi, ils sont également admissibles à toutes dignités, toutes places ou tous emplois publics (art. 6). S'il est appelé ou saisi en vertu de la loi, le citoyen doit obéir à

l'instant, et il se rend coupable par la résistance (art. 7). Il ne peut être inquiété pour ses opinions, même religieuses, pourvu que leur manifestation ne trouble pas l'ordre public établi par la loi (art. 10). Il peut parler, écrire, imprimer librement, sauf à répondre de l'abus de cette liberté dans les cas déterminés par la loi (art. 11). Il est garanti dans ses droits par la force publique (art. 12). Il contribue aux dépenses publiques en raison de ses facultés (art. 13) et dispose d'un droit de regard sur la contribution publique (art. 14). S'il est agent public, il doit rendre compte de son administration (art. 15). La propriété privée est un droit du citoyen (art. 17).

Les nombreux textes constitutionnels dont se dotera la République s'attacheront peu à définir concrètement le citoyen, se contentant généralement de préciser la définition du ressortissant français et du droit de vote, principal attribut du citoyen. Le Préambule de la Constitution de 1958 n'en reprend pas le terme, non plus que celui de la Constitution de 1946 auquel il renvoie, et la Constitution elle-même ne l'évoque qu'en son article 1er pour affirmer l'égalité des citoyens devant la loi, à l'article 34 qui définit le champ de la loi, et aux articles 75 et 88-3. Mais on peut aussi considérer que participe de sa définition l'article 3, qui prévoit que « le suffrage peut être direct ou indirect dans les conditions prévues par la Constitution. Il est toujours universel, égal et secret ». L'article 34 dispose que « la loi fixe les règles concernant : les droits civiques et les garanties fondamentales accordées au citoyen pour l'exercice des libertés publiques ; les sujétions imposées par la défense nationale aux citoyens en leur personne et leurs biens ». Jusqu'à l'intervention du nouveau Code pénal, en 1994, on pouvait faire référence aux dispositions de l'article 34 du Code pénal (issu de la loi du 28 avril 1832) pour caractériser ces droits civiques, mais c'était étrangement à l'occasion de la « dégradation civique ». On pouvait en déduire que les droits civiques recouvraient notamment : l'aptitude à occuper une fonction, emploi ou office public ; les droits de vote, d'élection, d'éligibilité et le droit de porter une décoration ; la capacité d'être juré, expert, témoin dans les actes juridiques et de déposer en justice autrement que pour donner de simples renseignements ; la capacité de faire partie d'un conseil de famille et d'être tuteur, curateur, subrogé tuteur ou conseil judiciaire ; le droit de porter les armes, de faire partie de la garde nationale, de servir dans les armées françaises ; de tenir école ou d'enseigner et d'être employé dans un établissement d'enseignement au titre de professeur, maître ou surveillant. Certaines de ces dispositions ont été reprises à l'article 131-26 du nouveau Code pénal.

Les garanties fondamentales s'appliquent à l'exercice des libertés publiques. On peut se dispenser d'une énumération de ces libertés puisque la liberté est le principe (art. 5 de la Déclaration des droits). Mais il revient au législateur d'en fixer les limites de portée générale et les garanties de leur exercice. Quant aux règles concernant les sujétions imposées par la défense nationale, elles visent principalement le service national universel et ses obligations : recensement, appel de préparation à la défense, appel sous les drapeaux (loi du 28 octobre 1997), les réquisitions de service et les expropriations dans l'intérêt national.

2. **Avant tout nationale.** – Selon la conception qui vient d'être exposée, les étrangers ne peuvent avoir qu'un accès partiel à l'exercice des droits des citoyens. La caractéristique la plus visible de la citoyenneté demeure le droit de vote (âge pour être électeur et éligible, incompatibilités, mode de scrutin, établissement

des listes électorales, calendrier) : « Sont électeurs, dans les conditions déterminées par la loi, tous les nationaux français majeurs des deux sexes, jouissant de leurs droits civils et politiques » (art. 3 de la Constitution) ; cette disposition est reprise à l'article L. 2. du Code électoral et à l'article 1er du décret du 14 mars 1964 (élection du président de la République). Depuis 1992, l'article 88-3 de la Constitution permet aux ressortissants de l'Union européenne, sous réserve de réciprocité, de voter et d'être élus aux élections municipales, sans que les étrangers concernés puissent exercer les fonctions de maire ou d'adjoint ni participer à la désignation des électeurs sénatoriaux et à l'élection des sénateurs. Le droit de voter et d'être élu ne s'affranchit donc que de façon très limitée des cadres institutionnels dans lesquels il s'organise et, par conséquent, s'exprime. Cela s'explique, dans la mesure où la nationalité est porteuse non seulement des droits de l'homme, mais également de valeurs spécifiques qui, bien que situées dans une perspective universaliste, ne sont pas universellement admises (le droit du sol, le service public, la laïcité, le caractère non commercial du corps et de ses organes) et, plus généralement, d'un projet collectif qui entre en concurrence avec d'autres projets collectifs.

Toutefois, on relèvera que tous les nationaux ne sont pas citoyens. Le suffrage universel prévu par la Constitution de 1793 ne s'est vraiment imposé qu'en 1848 pour les hommes et en 1944 pour les femmes, un nouvel élargissement intervenant en 1974 avec l'abaissement de l'âge de la majorité de 21 à 18 ans. Son expression, notamment par le choix du mode de scrutin, demeure une question politique très discutée.

Nombre de nationaux sont exclus de la citoyenneté : non seulement les mineurs, mais aussi les personnes frappées d'interdiction civique. Selon l'article L. 6 du Code électoral, « ne doivent pas être inscrits sur la liste électorale, pendant le délai fixé par le jugement, ceux auxquels les tribunaux ont interdit le droit de vote et d'élection, par application des lois qui autorisent cette interdiction ».

II. – La citoyenneté économique

La citoyenneté n'est pas cantonnée à la sphère politique et à l'exercice de droits civiques, elle intègre tous les aspects de la vie en société, notamment les relations de travail, qui ont pris une importance croissante avec le développement du salariat.

1. **Travail et cohésion sociale.** – Les options les plus générales de la politique économique ne sont pas sans influence sur l'exercice de la citoyenneté. Ainsi, une politique de réduction des dépenses publiques qui exercerait des contraintes excessives sur les dépenses de protection sociale et les dépenses destinées aux services publics pourrait avoir pour effet de fragiliser les solidarités sociales, d'affaiblir les grandes fonctions collectives (santé, école, transports, etc.) et d'accroître les inégalités, faussant par là les règles d'une démocratie, qui se réduirait au formalisme de la seule observation des règles du droit positif, avec, le cas échéant, accentuation du système répressif.

La transnationalisation du capital tend aujourd'hui à aligner les processus de production, la distribution des revenus et les caractéristiques des systèmes de protection sociale sur les normes les plus basses. Le développement du progrès technique opère une substitution capital-travail qui, toutes choses égales par ailleurs, accroît la précarité du travail vivant. L'effet combiné de ces deux facteurs menace particulièrement la main-d'œuvre non qualifiée des pays développés, qui se trouvent ainsi placés devant l'alternative : chômage ou pauvreté. Les pays qui, comme la France, ont une tradition de politique économique administrée tendent à opter pour la première solution, les pays de tradition plus libérale, comme la Grande-Bretagne, inclinent vers la seconde. Dans un cas comme dans l'autre, c'est le statut social du travail qui est mis en cause et la cohésion sociale qui est atteinte.

À commencer par la méconnaissance durable d'un certain nombre de droits faisant partie du bloc de constitutionnalité, énoncés dans le Préambule de la Constitution de 1946 et repris par celle de 1958. Il s'agit, en particulier, du droit au travail, objectif à valeur constitutionnelle : « Chacun a le devoir de travailler et le droit d'obtenir un emploi » ; du droit à la formation : « La nation garantit l'égal accès à... la formation professionnelle » ; et du droit d'intervenir dans l'organisation et le fonctionnement de l'entreprise : « Tout travailleur participe, par l'intermédiaire de ses délégués, à la détermination collective des conditions de travail ainsi qu'à la gestion des entreprises. » Comme le souligne A. Gorz, « aussi longtemps que le fonctionnement du système social, sa production et reproduction, exigeront du travail humain, le travail, si réduit que soit le temps qu'il occupe dans la vie de chacun, sera indispensable à la pleine citoyenneté. En tant que droit à participer à la production du tout social et d'acquérir sur lui des droits et du pouvoir, le droit au travail doit être compris comme un droit politique ». Cela vaut aussi pour donner leur pleine signification aux libertés essentielles dans l'entreprise : droit syndical, droit de grève et autres.

2. **Citoyenneté et entreprise.** – La proposition Le Chapelier, votée le 14 juin 1791, supprime les maîtrises et les jurandes, limite les droits d'association et

pose le principe qu'il n'y a plus de corporation, qu'il n'y a plus que l'intérêt particulier de chaque individu et l'intérêt général. L'abrogation du délit de coalition ouvrant la voie à la reconnaissance du droit de grève sous le Second Empire, en 1864, et la loi de 1884 sur le droit syndical rompent avec cette philosophie. Le droit social a accumulé, au fil des décennies, un imposant dispositif législatif et réglementaire dont on ne peut donner que quelques repères : création de l'inspection du travail en 1874, réglementation du travail des femmes et des enfants en 1892, loi sur les accidents du travail en 1898, repos hebdomadaire en 1906, congés payés et semaine de 40 heures en 1936, assurances sociales dans les années 1930 et Sécurité sociale en 1945. On indiquera encore, depuis la seconde guerre mondiale : la création des comités d'entreprise par l'ordonnance du 22 février 1945, l'élection de délégués du personnel par la loi du 16 avril 1946, l'instauration de la participation par l'ordonnance du 7 janvier 1959, la reconnaissance de la section syndicale d'entreprise par la loi du 27 décembre 1968, les lois Auroux de 1982 sur la démocratisation dans les entreprises, complétées par la loi du 26 juillet 1983 sur la démocratisation du secteur public, sans oublier la création du salaire minimum en 1950 et du revenu minimum d'insertion en 1988.

De plus en plus, le droit du travail s'insère dans le droit des libertés et mène, selon B. Stirn, sur la voie de l'« entreprise citoyenne ». Ainsi, le Conseil constitutionnel a considéré : que le droit de grève avait même valeur constitutionnelle que le principe de continuité du service public (1979) ; qu'il incombait à la loi de déterminer les conditions les plus propices pour que le plus grand nombre bénéficie du droit à l'emploi (1983) ; que pouvaient être avantagés les syndicats les plus représentatifs (1983). Le droit de la fonction publique a inspiré le droit du travail, par exemple en matière disciplinaire ; réciproquement, les agents publics ont pu prendre appui sur certaines dispositions du Code du travail ou sur les principes généraux du droit du travail lorsqu'ils ne disposaient d'aucun texte spécifique. Le droit du travail touche aux libertés publiques en ce qui concerne le contenu et le contrôle des règlements intérieurs des entreprises, les obligations que certains employeurs imposent à leurs salariés en matière d'habillement ou de vie privée, la sanction du harcèlement sexuel sur les lieux de travail, l'ouverture des magasins le dimanche et le contrôle des licenciements, notamment lorsqu'il s'agit des salariés investis d'un mandat représentatif. Ainsi, sous certains aspects, le droit du travail peut apparaître parfois comme un droit de l'emploi, et le contrat salarial s'apparenter à un statut.

La citoyenneté est donc un enjeu en milieu de travail. Pour les organisations syndicales, il s'agit de la citoyenneté *dans* l'entreprise. L'accent est mis sur le plein exercice des droits des salariés, leur participation directe – ou par l'intermédiaire de leurs représentants – à la définition des rapports de travail, à la fixation des conditions et des niveaux de rémunération, à l'élaboration des décisions relatives à l'emploi, à l'investissement, à la recherche, à la formation, à la production, au financement des entreprises, tant publiques que privées. La question de l'appropriation sociale, précédemment évoquée, se pose parfois ou est mise en perspective. En revanche, alors que le CNPF avait développé la notion de citoyenneté *de* l'entreprise, le MEDEF semble avoir récusé cette conception pour lui préférer celle d'*ethic business*.

III. – La citoyenneté sociale

Le concept de citoyenneté sociale découle normalement des analyses précédemment développées sur les dimensions politique et économique de la citoyenneté.

1. **Le social dans la citoyenneté.** – Étant donné l'ampleur prise aujourd'hui par le développement des inégalités et le phénomène de l'exclusion, on ne peut que s'interroger sur le sens de la notion de citoyenneté pour un chômeur ou un allocataire du revenu minimum d'insertion, d'autant plus que les inégalités devant l'emploi, les conditions de vie, la sécurité, la maladie, l'endettement et le bruit se cumulent pour constituer des « vies » inégales dans une société inéquitable et de plus en plus incivile.

Dans tous les lieux de misère résident des revendications de citoyenneté : droit à un logement décent comme préalable à toute possibilité d'insertion, défense du système de protection sociale fondé sur la solidarité, exigence d'accès aux meilleurs soins pour tous, action pour une école conforme aux besoins de formation. Le social apparaît ainsi comme une dimension essentielle de la citoyenneté. Mais, selon M. Rébérioux, « il s'agit moins ici de ce qu'on appelle le "social", autour de quoi s'activent les organisations et les divers services publics, que des personnes elles-mêmes : chômeurs de longue durée désocialisés, jeunes qui désespèrent de s'insérer dans la vie, femmes que guettent d'insidieux projets de retour à leurs fourneaux, etc. C'est pour caractériser cette citoyenneté en peine que la Ligue des droits de l'homme a forgé le concept de citoyenneté sociale ».

2. **Citoyen-travailleur-allocataire social.** – Toutefois, on a pu se demander si, aussi intéressant qu'il

fût, le concept de citoyenneté sociale ne risquait pas d'affaiblir le contenu politique de la citoyenneté, en le dissolvant dans une revendication trop générale, essentiellement humaniste. La question se pose particulièrement lorsque l'idée de citoyenneté sociale est poussée jusqu'à la revendication du « revenu de citoyenneté », qui consisterait en un revenu d'existence servi à toute personne, sans contrepartie de travail ou avec une contrepartie accessoire, pour lui permettre de satisfaire un minimum de besoins vitaux et, partant, de lui donner les moyens indispensables à l'exercice d'un minimum de citoyenneté. Selon ses promoteurs, les diverses allocations pourraient alors être réduites, voire supprimées, et un « guichet unique » serait institué pour contrôler le bon comportement des bénéficiaires.

Il est reproché à cette thèse de reposer sur la confusion de la sphère du travail et de celle des activités dans une acception générale. Elle inciterait à rentabiliser des tâches ne requérant pas de qualification, en mettant les plus pauvres au travail sur des emplois délaissés, subventionnés par la société. Ce serait en définitive la même problématique que celle des travaux d'intérêt général ou du salaire ménager. Instituant un deuxième marché du travail, elle aboutirait à créer des citoyens de seconde zone dans une société duale ; à l'intégration par le travail se substituerait une intégration par l'activité indéterminée. Sous couvert d'une société solidaire, la personne serait largement exonérée d'un travail reconnu socialement utile et valorisant, mais, réciproquement, l'État se trouverait dispensé de faire accéder tous les individus à la pleine citoyenneté par le respect du droit au travail pour tous.

Cela souligne le caractère éminemment politique de la citoyenneté. Les droits économiques et sociaux participent incontestablement d'une pleine citoyenneté, mais il importe qu'ils soient constamment situés dans la perspective de finalités politiques, faute de quoi le citoyen finirait par s'effacer devant le salarié ou l'ayant droit social.

Chapitre V

LE CITOYEN DANS LA CITÉ

Le citoyen concret exerce ses droits et assume ses devoirs d'abord dans son environnement immédiat, là où il habite et parfois travaille : sa ville ou son village. Cela justifie que la citoyenneté effective soit souvent recherchée dans le rapprochement du citoyen et des lieux de pouvoirs.

I. – La libre administration des collectivités territoriales

Selon l'article 72 de la Constitution, les collectivités territoriales « s'administrent librement par des conseils élus et dans les conditions prévues par la loi ». Il s'agit des communes, des départements, des régions et des territoires d'outre-mer.

1. **La mise en œuvre du principe.** – La décentralisation, la déconcentration ou, plus récemment, la délocalisation sont des thèmes récurrents qui ont longtemps eu pour simple objectif de combattre l'hypertrophie de l'État, le centralisme réputé jacobin, mais sans s'attacher particulièrement à favoriser l'intervention du citoyen. Ensuite, le développement des tâches de gestion locale a conduit les élus, et plus particulièrement les maires, à revendiquer une plus grande autonomie et une plus grande autorité personnelle, ce que la référence au modèle introduit par les institu-

tions de la Ve République pouvait favoriser. Mais c'est la loi du 2 mars 1982 relative aux droits et libertés des communes, des départements et des régions ainsi que les textes qui en feront application qui opéreront la réforme principale dans la mise en œuvre du principe de libre administration, notamment en substituant à la tutelle administrative des représentants de l'État un contrôle administratif exercé *a posteriori*, qui permet aux collectivités territoriales de prendre, dans le champ de leur compétence, des décisions exécutoires de plein droit.

L'article 1er de la loi du 2 mars 1982 affichait des objectifs ambitieux relatifs à la nouvelle répartition des compétences entre État et collectivités territoriales, à la redistribution des ressources publiques résultant des nouvelles règles de la fiscalité locale et des transferts de crédits de l'État, à l'organisation des régions, aux garanties statutaires accordées aux personnels, au mode d'élection et au statut de l'élu, aux modalités de coopération entre collectivités territoriales, au développement de la participation des citoyens à la vie locale. La loi s'est attachée à fixer les modalités de la suppression des différentes formes de tutelle administrative, financière et technique. Des lois importantes en ont prolongé et explicité les effets, notamment la loi du 31 décembre 1982, relative à l'organisation administrative de Paris, Marseille, Lyon et des établissements publics de coopération intercommunale, les lois du 7 janvier et du 22 juillet 1983 sur le transfert des compétences de l'État aux collectivités territoriales, s'efforçant de définir des blocs de compétence aussi cohérents que possible, les lois du 13 juillet 1983 et du 26 janvier 1984, constitutives du statut de la fonction publique territoriale, la loi du 6 février 1992, relative à l'administration territoriale. En revanche, à l'exception de quelques dispositions nouvelles, il n'existe toujours pas de statut de l'élu, la décentralisation a davantage porté sur le transfert de compétences que sur la démocratie locale, et la participation du citoyen à la vie locale n'a fait l'objet que de mesures ponctuelles.

2. **Un principe de portée limitée.** – Dans la pratique, le principe de libre administration des collectivités territoriales rencontre les principes d'indivisibilité de la République, d'unité et de continuité de l'État, d'égalité devant le service public, d'égal accès aux emplois publics, et seule la loi peut imposer un minimum de solidarité entre communes et contraindre, par exemple, les communes riches à financer les HLM au bénéfice des communes pauvres. En réalité, tout en reconnaissant leur libre administration, contrairement aux systèmes fédéraux, la Constitution ne ménage aucun domaine propre aux collectivités territoriales sur lequel la loi, expression de la volonté générale, ne puisse intervenir.

C'est ainsi que demeurent en vigueur les dispositions relevant de l'ordre public et de la continuité du service public : la possibilité pour le gouvernement de dissoudre un conseil municipal, de révoquer un maire et ses adjoints, pour le préfet de substituer son autorité à celle du maire ou du président du conseil général défaillant en matière de police ou, en vertu de son pouvoir hiérarchique, d'intervenir sur les actes du maire lorsque celui-ci agit comme représentant de l'État dans la commune. Mais, surtout, le contrôle administratif nouveau réserve au préfet deux types de prérogatives importantes. D'une part, le préfet doit opérer un contrôle de légalité sur les décisions locales, qui doivent lui être transmises conformément à la liste qu'en dresse la loi du 22 juillet 1982. D'autre part, le préfet peut demander au juge administratif de prononcer l'illégalité d'un acte pris par une collectivité territoriale, en informant sans délais celle-ci des raisons de l'illégalité soulevée ; s'il ne le fait pas, cela ne prive pas tout administré de former lui-même une requête contre une décision administrative qui lui fait grief. Au contrôle juridictionnel des tribunaux administratifs il convient d'ajouter le contrôle budgétaire des chambres régionales des comptes. L'emprise de l'autorité nationale passe aussi par la conclusion des contrats de plan État-régions, des contrats de ville et l'encouragement à la coopération intercommunale. La mise en œuvre de lois de caractère transversal, comme la loi d'orientation pour la ville du 13 juillet 1991, combine habilement incitations et contraintes, donnant à l'État les moyens d'imposer ses vues.

En réalité, on constate que le nombre de recours contentieux provoqués par le contrôle administratif est très faible par rapport aux actes transmis et aux observations faites. Cela peut vouloir dire aussi que les exécutifs des collectivités territoriales se sont donné les moyens de maîtriser les mécanismes juridiques qui ressortissent à leur compétence. En même temps, ces exécutifs, dotés d'attributions plus importantes, se sont fortement personnalisés. À l'image du maire, premier personnage de la collectivité communale, chef de son exécutif et sous l'influence d'une certaine conception présidentialiste du pouvoir politique, les présidents de conseils généraux et de conseils régionaux sont devenus des personnalités puissantes dans leurs collectivités, au détriment des assemblées délibérantes et, *a fortiori,* de la masse des citoyens. Dans certains cas, le clientélisme et la corruption se sont développés.

II. – La démocratie représentative locale

Le principe de libre administration des collectivités territoriales ne préjuge pas de l'équilibre des pouvoirs à l'intérieur des instances de représentation, dont la vigueur démocratique dépend aussi des prérogatives statutaires reconnues aux élus.

1. **Un équilibre des pouvoirs favorable aux exécutifs.** – Les assemblées délibérantes ont été créées par la loi du 5 avril 1884 pour les communes, la loi du 10 août 1871 pour les départements et la loi du 2 mars 1982 pour les régions. Elles sont élues au suffrage universel direct tous les six ans (cinq ans depuis 1999 pour les régions), les conseils généraux sont renouvelés par moitié tous les trois ans. Les circonscriptions électorales (la commune pour les conseillers municipaux, le canton pour les conseillers généraux et le département pour les conseillers régionaux) présentent de grandes disparités de représentativité (pouvant aller, pour les cantons par exemple, de un à dix à l'intérieur d'un même département), afin de réaliser une couverture aussi précise que possible de l'ensemble du territoire, ce qui aboutit à une surreprésentation des circonscriptions rurales et porte atteinte au principe constitutionnel d'égalité du suffrage. La fixation du nombre des conseillers municipaux, selon la taille des communes (de 9 à 69), est une autre cause de disparité. Mais c'est surtout le choix du mode de scrutin qui joue un rôle déterminant dans la traduction politique du suffrage : la représentation proportionnelle favorise l'expression diversifiée des sensibilités, mais donne aux organisations politiques un rôle déterminant ; le scrutin majoritaire bénéficie aux tendances dominantes et renforce le lien personnel entre l'élec-

teur et son représentant, mais opère une distorsion dans la traduction du suffrage en élus.

Les élections municipales ont recours à des modes de scrutin différents selon la taille de la commune (majoritaire pour les communes de moins de 3 500 habitants, combinaison de représentation proportionnelle à la plus forte moyenne et de scrutin majoritaire pour les autres). Les élections cantonales ont toujours eu lieu au scrutin majoritaire uninominal à deux tours. Quant aux élections régionales, elles ont eu lieu à la proportionnelle à la plus forte moyenne jusqu'à la réforme de 1999, qui a introduit une correction majoritaire.

La décentralisation ne semble pas avoir eu d'impact important sur la participation électorale aux élections locales, souvent affectées par les couplages entre elles ou avec d'autres élections. Si la participation était traditionnellement élevée pour les élections municipales, elle diminue (taux d'abstention au premier tour de 21,1 % en 1977, 21,6 % en 1983, 27,2 % en 1989, 30,6 % en 1995, 38,7 % en 2001) ; elle se dégrade également pour les élections régionales (abstentions : 22,1 % en 1986, 31,3 % en 1992, 42,0 % en 1998) et demeure irrégulière à un bas niveau pour les élections cantonales (abstentions : 31,6 % en 1982, 33,3 % en 1985, 50,9 % en 1988, 29,9 % en 1992, 39,6 % en 1994, 39,6 % en 1998, 34,5 % en 2001), montrant ainsi que les citoyens ne s'impliquent pas beaucoup dans ces élections, alors que la proximité des choix aurait dû avoir l'effet inverse.

En droit, il est bien vrai que l'article L. 1111-2 du Code général des collectivités territoriales dispose que « les communes, les départements et les régions règlent par leurs délibérations les affaires de leur compétence ». Mais, une fois élu, le chef de l'exécutif (maire, président du conseil général ou président du conseil régional) est irresponsable devant l'assemblée, qui peut, certes, bloquer l'action de l'exécutif en refusant de voter les délibérations, mais ne peut démettre le chef de l'exécutif de ses fonctions. En fait, celui-ci, qui a généralement conduit les listes victorieuses, dispose d'une position dominante dans la majorité de l'assemblée, et ses prérogatives lui confèrent l'essentiel du pouvoir ; sa position, comme celle de l'exécutif au plan national, est marquée par une logique présidentialiste.

2. **Des élus entre administration et management.** – L'élu de base a vu néanmoins ses possibilités d'intervention augmenter avec la loi du 6 février 1992, qui, d'une part, a organisé son droit à l'information préalable, afin qu'il puisse se prononcer dans les délibérations en bonne connaissance de cause, obtenir des réponses aux questions orales qu'il peut poser, et, d'autre part, a amélioré sa participation au fonctionnement des assemblées. Ainsi a été créée, dans les conseils généraux et régionaux, une commission permanente constituée à la proportionnelle des groupes, règle également appliquée à d'autres instances : commissions d'appel d'offre et bureaux d'adjudication des marchés locaux. Mais c'est le président et son bureau, composé des membres ayant reçu délégation de sa part, qui continuent de jouer le rôle le plus important.

Le cumul des mandats constitue un grave obstacle à la participation du plus grand nombre des citoyens à l'exercice des responsabilités publiques. Il s'explique sans doute par la précarité de l'élu, qui conduit celui-ci à rechercher plus de sécurité dans un cumul qui en fait un professionnel de la politique. Deux lois du 30 décembre 1985 ont apporté des limitations substantielles au cumul des mandats électoraux et des fonctions électives, réduisant à deux le nombre de mandats ou de fonctions limitativement énumérées et rendant incompatible leur exercice avec un mandat de député ou de sénateur. L'amélioration des conditions d'exercice des mandats est de nature à poser progressivement les bases d'un véritable « statut de l'élu ». Déjà, la loi du 3 février 1996 a prévu de donner à l'élu du temps pour exercer correctement son mandat (autorisations d'absence, crédits d'heures et compensations financières), de lui permettre de retrouver son emploi à la fin de son mandat, ce qui vaut surtout pour le secteur privé (simple suspension du contrat et stage de remise à niveau), d'obtenir une formation adaptée à l'exercice de son mandat électif (plafonnée à un très bas niveau), de lui octroyer des indemnités ouvrant droit à retraite.

La pénétration de la gestion privée dans les services publics territoriaux sollicite l'élu dans le sens d'une conception managériale de sa fonction, ce qui peut le conduire à préférer des réalisations de prestige, médiatiquement plus gratifiantes, à une gestion plus discrète et moins onéreuse des besoins de la population. Mais de nouvelles perspectives lui sont offertes avec l'engagement par la loi du 6 février 1992 d'une coopération intercommunale fondée sur la « libre volonté des communes d'élaborer des projets communs de développement au sein de périmètres de solidarité » dont la loi du 12 juillet 1999 a accéléré la mise en œuvre aboutissant au 1er janvier 2002 à la création de 120 communautés d'agglomération, 14 communautés urbaines et 2 033 communautés de communes. La commune historique demeure le lieu de l'organisation territoriale, avec le risque d'une intervention excessive de l'expert non élu et d'un transfert du pouvoir politique du maire vers l'exécutif de l'intercommunalité. Toutefois, la loi du 27 février 2002 relative à la démocratie de proximité laisse entre les mains des élus locaux l'évolution des intercommunalités.

La modification du statut des fonctionnaires territoriaux, par la loi du 13 juillet 1987, a introduit dans le statut de la fonction publique territoriale des dispositions caractéristiques d'une fonction publique d'emploi : création de cadres d'emploi, élargissement du recours aux non-titulaires, recrutements sur la base de listes d'aptitudes méconnaissant l'ordre des mérites reconnu par les concours, réduction du rôle des organismes paritaires de gestion.

III. – La difficile intervention des citoyens

Il apparaît ainsi que les réformes réalisées ont surtout consisté en un système de représentation qui fait la meilleure place aux exécutifs et réduit souvent les assemblées délibérantes au rôle de chambres d'enregistrement, sans que soit favorisée, de manière significative, l'intervention des citoyens.

1. **La recherche de la transparence de la gestion administrative.** – Les décisions des autorités locales doivent faire l'objet de publication par voie d'affichage, et les délibérations des assemblées élues être transcrites sur un registre. Depuis 1992, tous les actes réglementaires des exécutifs ou des assemblées délibérantes doivent être publiés au recueil des actes administratifs. De plus, l'article 19 de la loi de 1992 prévoit que les délibérations les plus importantes doivent faire l'objet d'une insertion dans une publication locale couvrant le champ géographique de la collectivité concernée.

La loi du 6 janvier 1978 relative à l'informatique, aux fichiers et aux libertés a établi les conditions de communication des fichiers nominatifs, automatisés ou non, permettant leur rectification éventuelle par les personnes concernées. Mais c'est surtout la loi du 17 juillet 1978, relative à l'accès aux documents administratifs, qui a largement ouvert les possibilités d'information des citoyens sur les actes administratifs en général et ceux des collectivités territoriales en particulier. Les documents nominatifs peuvent être communiqués aux personnes que ces documents concernent ; toute personne peut, sauf exception (secret de la vie privée, secret industriel et commercial, protection de la sécurité, procédures engagées devant le juge, sûreté de l'État et sécurité publique), se faire communiquer tout document administratif ayant acquis sa forme définitive.

Ajoutons qu'en dehors des publications obligatoires et des droits à communication largement ouverts les collectivités territoriales ont beaucoup développé leurs propres systèmes d'information par le moyen de bulletins, de panneaux publicitaires, de services télématiques ou de moyens audiovisuels. C'est au point que, outre les réglementations générales relatives à l'informatique, à la publicité ou à la communication audiovisuelle, la loi du 15 janvier 1990 a interdit toute campagne de promotion publicitaire des réalisations ou de la gestion d'une collectivité dans les six mois précédant une élection générale à laquelle elle est intéressée.

2. **La participation à la vie locale.** – Elle peut revêtir diverses formes : être strictement réglementée, s'inscrire dans des cadres organisés ou résulter de l'initiative des citoyens.

Ainsi, l'article L. 300-2 du Code de l'urbanisme rend obligatoire la concertation préalable à l'engagement de certaines opérations d'urbanisme telles que la modification des plans d'occupation des sols qui organisent l'urbanisation d'une zone, la création de zones d'aménagement concerté et les opérations importantes modifiant le cadre de vie d'une commune. Par application de la loi du 2 février 1995 relative au renforcement de la protection de l'environnement, un décret du 10 mai 1996 a institué une Commission nationale du débat public, afin d'organiser la consultation du public et des associations en amont de l'enquête publique sur les très grandes opérations d'aménagement de l'État, des collectivités territoriales, des établissements publics et des sociétés d'économie mixte. Les enquêtes devant conduire à déclaration d'utilité publique prévoient elles-mêmes la présentation de données techniques, économiques et financières extrêmement précises.

L'article 16 de la loi du 31 décembre 1982, relative à l'organisation administrative de Paris, Marseille et Lyon, a prévu la création d'un « comité d'initiative et de consultation d'arrondissement ». Ce comité réunit les représentants des associations qui exercent leur activité dans l'arrondissement et qui le demandent. Au moins une fois par trimestre, ils participent, avec voix consultative, au conseil d'arrondissement, en reçoivent les informations nécessaires et peuvent proposer des sujets de débat. Il existe, par ailleurs, depuis longtemps dans de nombreuses communes – et la loi du 6 février 1992 les a partiellement consacrés – des commissions extramunicipales, des commissions ou comités consultatifs, des comités de quartiers, structures au sein desquelles des discussions peuvent s'instaurer entre les élus et les citoyens.

Cette même loi a institué une procédure de consultation directe des électeurs d'une commune, connue sous le nom de « référendum communal ». Pour éviter toute inconstitutionnalité (la démocratie locale étant représentative) et réduire les possibilités de manipulation, la procédure est très encadrée. L'initiative est réservée au maire ou au tiers des membres du conseil municipal dans les villes de plus de 3 500 habitants (la moitié pour les autres communes). C'est le conseil municipal qui prend la décision d'organiser la consultation. Seuls les électeurs de la commune sont consultés. Ils doivent disposer d'un dossier d'information en mairie au moins quinze jours avant la consultation. Le référendum ne peut avoir lieu à partir du 1er janvier de l'année civile qui précède le renouvellement général des conseillers municipaux ni durant les campagnes électorales précédant les élections au suffrage universel direct ou indirect. Un délai d'un an doit s'écouler entre deux consultations et deux ans entre deux consultations portant sur le même objet. En tout état de cause, le référendum est purement consultatif.

Le mouvement associatif est aussi un moyen de participation des citoyens à la vie locale. Plus de 20 millions de personnes seraient membres d'au moins une association en France. Il y aurait, au total, quelque 730 000 associations. Il se crée, chaque année, plus de 60 000 associations nouvelles, deux fois plus qu'il y a une dizaine d'années, six fois plus qu'il y a trente ans. La fréquence des adhésions s'accroît avec le niveau de vie, le diplôme et la culture. Les associations se féminisent et sont davantage tournées vers l'intérêt personnel ; le degré d'investissement individuel augmente. Dans la ville, le représentant d'association est souvent devenu un partenaire incontournable, au même titre que l'élu, le propriétaire, le représentant de l'État ou l'expert.

Chapitre VI

LE CITOYEN ET LES INSTITUTIONS

La France a connu 15 constitutions en un peu plus de deux siècles. La citoyenneté est intimement liée aux règles fondamentales que retient la nation et dans lesquelles celle-ci reconnaît son modèle d'organisation et de fonctionnement. L'idée qu'un État moderne doit avoir une constitution écrite est présente dans la pensée et dans l'action des philosophes du XVIIIe siècle, de Montesquieu, Voltaire et Rousseau, ce dernier ayant lui-même rédigé une constitution pour la Corse (1768) et une autre pour la Pologne (1771). On peut expliquer cette abondante production constitutionnelle par la confrontation, en longue période, de deux tendances fortes : l'une, césarienne, dont la Constitution de Louis-Napoléon Bonaparte du 14 janvier 1852 pourrait être un exemple ; l'autre, démocratique, dont la Constitution de 1793 demeure la référence. La Constitution de la Ve République est un produit hybride de ces deux tendances. De caractère parlementaire, elle est en réalité semi-présidentielle. Au second rang pour la longévité (après la Constitution de la IIIe République de 1875), elle a révélé de grandes capacités d'adaptation dans des situations politiques variées.

I. – Le peuple souverain

L'État étant dégagé de la conception d'un ordre naturel et de toute transcendance, il reste à caractériser la souveraineté dont il se réclame en dernier ressort et à préciser les moyens de son exercice.

1. **Souveraineté nationale et souveraineté populaire.** – La souveraineté est la raison supérieure au nom de laquelle le pouvoir politique est exercé, en même temps que l'instance située au sommet de la hiérarchie sociale, l'ensemble des principaux attributs qui permettent de l'exercer (battre monnaie, voter la loi, etc.) ; elle est naturellement indivisible, même si elle est déléguée dans l'exercice effectif du pouvoir à des représentants ; il arrive que l'on parle, par exemple, de la « souveraineté » du Parlement.

On oppose traditionnellement souveraineté nationale et souveraineté populaire. La première se réfère à une entité abstraite : la nation. Elle ne prétend pas à la seule représentation des citoyens existants, mais veut aussi traduire les aspirations de la continuité des générations relevant de la collectivité nationale. Son pouvoir, ne pouvant s'exercer directement, privilégie le recours à des représentants de la nation (et non des électeurs). Selon la seconde, la souveraineté appartient au peuple. Il peut donc l'exercer lui-même et c'est seulement pour des raisons techniques qu'il doit la déléguer à des représentants. Elle tend donc à privilégier la démocratie directe par rapport à la démocratie représentative. En réalité, les deux notions ont été mêlées au fil des constitutions. Dans la Déclaration des droits de 1789, « le principe de toute souveraineté réside essentiellement dans la nation » (art. 3). Selon l'article 2 de la Constitution de l'an III, « l'universalité des citoyens est le souverain ». L'article 3 de la Constitution de 1958 en effectue la synthèse : « La souveraineté nationale appartient au peuple qui l'exerce par ses représentants et la voie du référendum. »

2. **Les moyens de la démocratie directe.** – La participation des citoyens au débat politique et leur intervention dans la gestion des affaires publiques dépendent de l'intérêt qu'ils leur portent et de la confiance qu'ils ont dans les institutions. À cet égard, il n'est sans doute pas excessif de parler aujourd'hui de crise politique. Elle a comme conséquences des replis individualistes et communautaristes, un désintérêt pour la chose publique, qui se manifeste notamment par des taux d'abstention élevés à la plupart des élections, un doute sur les capacités des élus à résoudre les problèmes qui se posent à la société, une dégradation du sens civique ainsi que le développement du clientélisme et de la corruption.

Si les citoyens sont ainsi peu portés à prendre appui sur les institutions pour faire vivre la démocratie, ils ne sont pas davantage enclins à prendre des initiatives qui pourraient se développer en dehors d'elles. En effet, la démocratie directe est d'abord le plein exercice des droits et libertés existants, afin de créer les meilleures conditions de leur élargissement. La démocratie directe suppose initiative, spontanéité, inventivité. Faire du citoyen l'acteur principal de la vie politique doit conduire à favoriser l'essor d'une démocratie participative incluant toutes les médiations de proximité (action militante, vie associative et création de structures *ad hoc* de régulation de la vie sociale). Par nature, il n'est donc ni possible ni souhaitable de réglementer à l'excès les modalités de la démocratie directe, non plus que la vie dans sa complexité.

Des formes spécifiques de démocratie directe pourraient cependant prendre une plus grande place. Ainsi, le droit de pétition exercé, sous certaines conditions, en direction d'une autorité administrative ou d'une assemblée délibérante pourrait faire obligation à celle-ci d'examiner la question posée et de lui donner une réponse motivée. Dans le même esprit, l'initiative populaire des lois pourrait prendre la forme de la signature d'un texte par un pourcentage minimal du corps électoral. Mais c'est le problème de la place du référendum qui constitue, en la matière, la question la plus délicate.

3. **La question du référendum.** – En reconnaissant à tous les citoyens le droit de concourir personnellement à l'expression de la volonté générale et à la formation de la loi, la Déclaration des droits de 1789 ouvrait la voie aux consultations référendaires et à la mise en mouvement politique du peuple. Le référendum local, en Suisse notamment, ou la possibilité récemment ouverte en France dans le cadre communal soulignent le caractère familier du moyen. On en pressent aussi les dangers dans les mains d'un pouvoir autoritaire ou sur un sujet qui se prêterait à la manipulation démagogique. O. Duhamel le souligne : « Le référendum peut être liberticide : les Bonaparte en ont apporté la preuve. » La Constitution de 1793 accordait une place importante au référendum législatif : elle prévoyait que le peuple devait délibérer sur les lois (art. 10) proposées par le Corps législatif (art. 53) et que si, dans la moitié des départements plus un, le dixième des assemblées primaires de chacun d'eux n'avait pas réclamé, le projet était accepté et devenait loi (art. 59). La Constitution de 1946 ne retenait le référendum qu'en matière constitutionnelle (art. 3). La Constitution de la Ve République prévoit que le président de la République peut soumettre à référendum « tout projet de loi portant sur l'organisation des pouvoirs publics, sur les réformes relatives à la politique économique ou sociale de la nation et aux services publics qui y concourent, ou tendant à autoriser la ratification d'un traité qui, sans être contraire à la Constitution, aurait

des incidences sur le fonctionnement des institutions » (art. 11). Par ailleurs, « nulle cession, nul échange, nulle adjonction de territoire n'est valable sans le consentement des populations intéressées » (art. 53). Enfin, en matière de révision constitutionnelle, « le projet ou la proposition de révision doit être voté par les deux assemblées en termes identiques. La révision est définitive après avoir été approuvée par référendum » (art. 89). À cela il convient d'ajouter, évidemment, l'élection du président de la République au suffrage universel direct (art. 6), introduite par le référendum du 28 octobre 1962, sur la base, presque unanimement critiquée à l'époque, de l'article 11.

Aujourd'hui, l'ambiguïté qui s'attache au référendum demeure. Il reste suspecté de servir l'évolution vers une présidentialisation plus forte des institutions. À l'inverse, on soulignera que le référendum du 20 septembre 1992 a donné lieu à un intense débat politique sur l'Union européenne, ce qui suggère que d'autres étapes de cette construction pourraient faire à nouveau l'objet de telles consultations, de même que de grandes questions de société. Le taux d'abstention aux référendums est extrêmement variable : de 15,1 % au référendum sur la Constitution, le 28 septembre 1958, à 63 % au référendum sur la Nouvelle-Calédonie, le 6 novembre 1988.

II. – La loi, expression de la volonté générale

On peut aussi parler d'une crise de la représentation qui s'exprime, notamment, par les pourcentages relativement élevés et croissants des abstentions aux élections, outre ceux qui ont été relevés précédemment aux élections locales. Au premier tour des élections présidentielles, le taux d'abstention était de 15,2 %

en 1965, 18,9 % en 1981, 21,6 % en 1995 et 28,4 % en 2002. Il était, au premier tour des législatives, de 20,0 % en 1968, 29,1 % en 1981, 32,0 % en 1997 et 35,6 % en 2002. Aux européennes, il atteignait 39,3 % en 1979, 51,1 % en 1989, 47,3 % en 1994 et 53,2 % en 1999. Ajoutons à cela que le pourcentage des non-inscrits, qui ne s'élevait qu'à 3,8 % des personnes en âge de voter en 1981, en représenterait aujourd'hui 8 à 10 %. La tendance à la dégradation est donc nette, ce qui affaiblit l'ensemble du système représentatif.

1. **La loi est votée par le Parlement.** – Ainsi en dispose l'article 34 de la Constitution, qui énumère les règles et les principes fondamentaux constituant le champ législatif, tandis qu'aux termes de l'article 37 « les matières autres que celles qui sont du domaine de la loi ont un caractère réglementaire ». Quant à l'article 39, il précise que « l'initiative des lois appartient concurremment au Premier ministre et aux membres du Parlement ».

L'existence de deux chambres – Assemblée nationale et Sénat qui constituent le Parlement – ne va pas de soi. Elle présente l'avantage d'un travail parlementaire plus réfléchi, au cours d'une procédure certes assez complexe, mais à l'occasion de laquelle on peut espérer qu'aucun aspect important de la question traitée n'a été négligé. Elle conduit nécessairement à une décision, puisque l'Assemblée nationale l'emporte toujours en définitive lorsque les deux chambres sont en désaccord persistant sur telle ou telle question. Mais le Sénat, s'il n'a pas la possibilité de mettre en cause la responsabilité politique du gouvernement, pèse sur le fonctionnement des institutions, en raison, d'une part, de son mode d'élection, qui, favorisant les circonscriptions rurales, rend très difficile une alternance politique franche, et, d'autre part, de sa capacité, en vertu de l'article 89, à s'opposer à une révision constitutionnelle.

En réalité, si le Parlement vote la loi, l'élaboration de celle-ci est largement entre les mains du gouvernement. Il doit, certes, respecter la séparation du domaine législatif et du domaine réglementaire, mais il est seul juge de l'opportunité de consulter le Conseil constitutionnel sur cette distinction. Il est presque entièrement maître de l'ordre du jour des assemblées (seulement une séance par mois est réservée par priorité à l'ordre du jour fixé par chaque assemblée), et il ne fait donc venir en discussion que les propositions de lois qui lui agréent. Aux autres il peut opposer une irrecevabilité si elles prévoient une augmentation de dépenses ou une diminution de recettes. En tout état de cause, il peut faire sanctionner par sa majorité les dispositions qu'il ne souhaiterait pas retenir, et, à l'inverse, il peut, par la voie d'amendements parlementaires, tourner l'obligation de consulter préalablement le Conseil d'État ou d'autres instances dont l'avis est normalement requis.

La réduction du rôle du Parlement résulte également de la révision constitutionnelle du 25 juin 1992, consécutive à la signature du traité de Maastricht, qui a conduit à introduire dans la Constitution un article 88-2 aux termes duquel « la France consent aux transferts de compétences nécessaires à l'établissement de l'union économique et monétaire européenne ainsi qu'à la détermination des règles relatives au franchissement des frontières extérieures des États membres de la Communauté européenne ». On comprend que, dans ces conditions, auxquelles il faudrait ajouter un fort absentéisme parlementaire et la médiatisation de certaines séances du Parlement portant non sur l'élaboration de la loi, mais sur des questions à fort contenu polémique, les citoyens manifestent un désintérêt croissant, sinon une défiance, vis-à-vis de l'institution parlementaire.

2. **Le gouvernement détermine et conduit la politique de la nation.** – C'est ce qu'affirme l'article 20 de la Constitution, ajoutant qu'il dispose de l'administration et de la force armée et qu'il est responsable devant le Parlement. En réalité, le rôle du gouvernement est centré sur les compétences du Premier ministre, fixées par la Constitution, mais leur exercice est profondément différent selon que le président de la République est soutenu ou non par la majorité parlementaire. Le rôle du Premier ministre est déterminant lorsque (c'est l'hypothèse de la cohabitation) il peut s'appuyer sur une majorité parlementaire qui a désavoué l'action du président de la République, comme c'était le cas de 1986 à 1988, puis de 1993 à 1995, et de 1997 à 2002. Sans doute reste-t-il responsable devant l'Assemblée nationale, mais il est alors en position de force, sur la base des articles 49 et 50 de la Constitution déjà évoqués.

Dans le cas, le plus fréquent, où le président de la République a le soutien de la majorité de l'Assemblée nationale, le rôle du Premier ministre est second, tout en restant important. Il dirige l'action du gouvernement, est responsable de la Défense nationale, propose au président la nomination et, le cas échéant, la révocation des ministres, nomme par délégation du président aux emplois civils et militaires, assure l'exécution des lois en vertu de son pouvoir réglementaire, dirige la majorité parlementaire et, surtout, met en œuvre la politique essentiellement inspirée par le président de la République. Même si le texte de la Constitution ne le prévoit pas expressément, il ne peut refuser de donner sa démission au président de la République si celui-ci la lui demande.

Le gouvernement peut demander son avis au Conseil économique et social sur un projet (ou une proposition) de loi, d'ordonnance ou de décret comme sur tout problème d'ordre économique ou social.

La clé de voûte du système est donc le président de la République, mais il doit davantage son autorité à son élection au suffrage universel direct et à la pratique qu'aux pouvoirs propres qui lui sont attribués par la Constitution. Pour autant, ceux-ci ne sont pas négligeables. En vertu des dispositions de l'article 5, il assure, par son arbitrage, le fonctionnement régulier des pouvoirs publics ainsi que la continuité de l'État. Par ailleurs, s'il dispose d'une majorité parlementaire, il peut, comme on l'a vu précédemment, soumettre à référendum les projets de loi définis à l'article 11. En vertu de l'article 12, il peut dissoudre l'Assemblée, mais au risque de voir élue ou réélue une majorité opposée. Selon l'article 13, il signe (et peut donc refuser de signer) les ordonnances et les décrets délibérés en Conseil des ministres ; il nomme aux emplois civils et militaires. Il nomme trois membres, dont le président, au Conseil constitutionnel, auquel il peut déférer une loi avant promulgation. Il peut (mais dans des circonstances exceptionnelles, et sous de nombreuses conditions) accaparer tous les pouvoirs exécutif et législatif sur la base de l'article 16. Il dispose également de pouvoirs partagés avec le Premier ministre en matière de politique de défense et de politique étrangère. Mais il ressort de l'énumération précédente que le caractère présidentialiste des institutions dépend avant tout de la conformité de la majorité parlementaire aux orientations du président.

III. – La cohérence de l'État de droit

On peut donc légitimement s'interroger sur ce système, qui a été voulu parlementariste, s'est rapidement présidentialisé et dont la nature constitutionnelle fluctue au gré des majorités issues du suffrage universel, dépendant de la concordance ou de la discordance de scrutins successifs, entre « parlementarisme rationalisé », selon M. Debré, et « monarchie aléatoire », comme le soutient J.-M. Denquin.

1. **Les facteurs externes de cohérence.** – Ils tiennent d'abord aux principes qui régissent l'articulation du droit international et du droit interne. Aux termes de l'article 55, « les traités ou accords régulièrement ratifiés ou approuvés ont, dès leur publication, une autorité supérieure à celle des lois, sous réserve, pour chaque accord ou traité, de son application par l'autre partie ». Dans le cas où un engagement international comporte une clause contraire à la Constitution, l'autorisation de l'approuver ou de le ratifier ne peut intervenir qu'après révision de la Constitution.

Des conséquences particulières en ont été tirées dans le cadre de la construction européenne. Non seulement, comme on l'a vu, la Constitution a été modifiée en 1993 pour accepter des transferts de compétences en faveur de l'Union européenne, mais le Conseil d'État avait déjà renoncé, par son arrêt d'Assemblée *Nicolo* du 20 octobre 1989, à une jurisprudence à laquelle il paraissait pourtant très attaché, en écartant l'application d'une loi incompatible avec un traité, quand bien même cette loi serait postérieure au traité. Le droit européen des traités, mais aussi le droit dérivé de ces traités, s'applique ainsi en droit interne.

Par ailleurs, selon l'article 88-4 introduit dans la

Constitution en 1992, « le gouvernement soumet à l'Assemblée nationale et au Sénat, dès leur transmission au Conseil des Communautés, les propositions d'actes communautaires comportant des dispositions de nature législative », celles-ci étant préalablement repérées par le Conseil d'État.

2. **Les facteurs internes de cohérence.** – Le système actuel bénéficie d'une organisation juridictionnelle complexe, mais éprouvée, fondée sur la dualité des ordres juridictionnels (judiciaire et administratif) et l'importance prise dans les institutions par le Conseil constitutionnel.

La dualité des ordres juridictionnels a des raisons anciennes qui tiennent, d'une part, à une distinction public-privé, classique en France, et, d'autre part, à la méfiance que nourrissaient les hommes de la Révolution française à l'égard des parlements, qui s'étaient largement immiscés dans les affaires publiques sous l'Ancien Régime, en faveur des notables en place. La Constitution s'est attachée, dans ses articles 64 et 65, à poser les bases de l'indépendance de l'autorité judiciaire, notamment à travers les dispositions relatives au Conseil supérieur de la magistrature. Mais elle n'a rien prévu pour la juridiction administrative, sans que cela porte d'ailleurs à conséquence. Située au sommet de l'ordre judiciaire, la Cour de cassation, créée en 1790, statue sur les pourvois formés contre les décisions rendues en dernier ressort par les juridictions civiles et pénales. Plus haute instance de l'ordre administratif, le Conseil d'État, créé en 1799, outre sa fonction contentieuse, conseille le gouvernement (le Premier ministre est le président du Conseil d'État), en donnant des avis sur les projets de loi, les principaux projets de décret, et en répondant par des avis aux demandes exprimées par les ministres sur des questions juridiques particulièrement délicates.

Le Conseil constitutionnel connaît une régulière montée en puissance depuis sa décision de 1971 relative à la liberté d'association par laquelle il a étendu le « bloc de constitutionnalité » auquel il se réfère. Le titre VII que lui consacre la Constitution énumère ses importantes fonctions : il veille à la régularité de l'élection du président de la République ; il est chargé du contentieux des élections législatives et sénatoriales ainsi que de celui des opérations de référendum ; il examine les lois organiques avant leur promulgation et les règlements des assemblées parlementaires avant leur application ; les lois peuvent lui être déférées avant leur promulgation par le président de la République, le Premier ministre, le président de l'Assemblée nationale, le président du Sénat, 60 députés ou 60 sénateurs. Une disposition déclarée inconstitutionnelle ne peut être ni promulguée ni mise en application. Son rôle est encore plus directement politique lorsqu'il est consulté sur la mise en œuvre de l'article 16 ou lorsqu'il est appelé à constater l'empêchement du président de la République. Le Conseil constitutionnel a pu assurer une protection efficace des droits des citoyens, mais il lui est aussi reproché d'être, notamment du fait des conditions de désignation de ses membres (par tiers par le président de la République, le président de l'Assemblée nationale et le président du Sénat), un organisme politique en forme juridictionnelle, doté, en raison de ses capacités étendues d'appréciation de constitutionnalité, d'un véritable pouvoir constituant que la Constitution n'avait pas prévu.

3. **Une cohérence controversée.** – P. Pactet considère que ces institutions hybrides sont parvenues à

« un régime mixte... dont la cohérence n'est sans doute pas la principale qualité », tandis que M. Duverger estime qu'elles « font de la Ve République le meilleur régime que la France ait connu ».

Si, de 1958 à 1991, la Constitution avait fait l'objet de neuf projets de modification dont cinq avaient abouti, de 1992 à 2002 onze modifications constitutionnelles sont intervenues pour douze projets présentés. D'importantes questions (cohabitation, élection de président de la République au suffrage universel, modes de scrutin) demeurent en débat. Des propositions de réformes se multiplient jusqu'à celles d'une VIe République.

TROISIÈME PARTIE

LA DYNAMIQUE DE LA CITOYENNETÉ

Chapitre VII

LA CRISE DE LA CITOYENNETÉ

La crise de la citoyenneté est d'abord perte de repères : les différentes appartenances (famille, classe, nation) qui permettaient aux individus de s'identifier dans la société ne sont plus aussi déterminantes. Dans le même temps, les organes de représentation (assemblées délibérantes, partis, syndicats, associations) ont beaucoup plus de difficulté à être des relais entre le citoyen et les lieux de pouvoir. La refondation de la citoyenneté passe par l'analyse de cette crise et des modèles qu'elle suggère.

I. – La crise de l'individualité

La conscience de la citoyenneté fait partie de la citoyenneté. Si l'exigence du citoyen est faible, la citoyenneté peut n'être qu'un simple civisme, « zèle du citoyen pour sa patrie », selon *Le Robert*. Elle peut même n'être qu'une civilité : « observation des convenances, des bonnes manières en usage dans un groupe social ».

1. **Civisme et incivilités.** – Il ressort des enquêtes d'opinion qu'en matière de citoyenneté les préoccupations semblent être de deux ordres. D'une part, le plus important serait de respecter les règles de vie commune, notamment dans les endroits publics, et de protéger l'environnement. Mais, d'autre part, le droit au travail et à la santé sont retenus comme droits prioritaires. La première catégorie relèverait de la civilité ; la seconde, de ce que nous avons appelé « citoyenneté économique et sociale ». Les éléments caractéristiques de la citoyenneté politique (droit de vote, paiement des impôts et intérêt pour la vie politique locale) demeurent présents, mais à des rangs plus modestes, bien devant, toutefois, l'adhésion à un parti, à un syndicat ou à une association. Les jeunes, appartenant à une génération sans identité historique forte, semblent particulièrement persuadés de l'avènement d'une société marquée par le désintérêt pour la chose publique.

Cette inquiétante représentation est malheureusement corroborée par des études qui se sont attachées à mesurer l'incivisme et l'incivilité, auxquels n'échappe aucune catégorie sociale. Selon J. de Maillard, la délinquance aurait plus que quintuplé depuis 1950, et, au cours des dernières années, on constaterait une croissance particulièrement forte des formes de délinquance révélatrices d'une inadaptation sociale, notamment des violences urbaines contre les personnes et les biens, qui sont le fait des catégories sociales démunies. Moins provocantes, car plus complexes, mais tout aussi significatives de la montée de l'incivisme sont les manifestations délictueuses des catégories sociales les plus favorisées, par le moyen de la fraude fiscale dont le coût pour la société est très élevé.

La cause devrait en être recherchée, selon ces travaux, dans le fonctionnement même de l'espace public, le desserrement du lien social sous l'effet d'une mondialisation menaçante qui encouragerait, contradictoirement, d'une part, de nouveaux réseaux de solidarité, d'autre part, des replis identitaires, communautaristes et individuels. S. Roché avance quatre causes pour expliquer les incivilités. La société serait de plus en plus tolérante vis-à-vis des déviances mineures en raison d'une mobilité croissante et d'un relâchement de l'autorité parentale. En même temps que la crise économique, le départ de la gauche militante des quartiers populaires entraînerait une déstructuration de la vie sociale et engendrerait un climat d'insécurité et de peur, une perte de maîtrise des vies personnelles. Les adolescents ne seraient plus à même de contrôler leurs pulsions ou leurs émotions ; l'individualisme et la déritualisation de la vie moderne les pousseraient à la violence comme forme de réassurance. Enfin, les institutions auraient de plus en plus de mal à riposter aux incivilités, et les citoyens renonceraient à les aider, il y aurait déclin d'un courage qui n'apparaîtrait plus nécessaire.

2. **La perte des repères.** – Du désastre de Tchernobyl à la maladie de la vache folle, de l'affaire du sang contaminé aux trafics d'organes, du développement des jeux de hasard à la multiplication des sectes, du chômage durable à la montée de l'insécurité, de l'importance des taux d'abstention dans les urnes à l'affaiblissement du sens civique, les symptômes ne manquent pas pour illustrer une société profondément ébranlée, en proie à une angoisse de type millé-

nariste, doutant de ses valeurs et de la possibilité d'agir sur le cours de son destin.

Dans la mesure où citoyenneté et nationalité ont été largement identifiées l'une à l'autre, et où la nation a été le cadre de la formation de la citoyenneté moderne, il est normal que la relativisation de l'État-nation dans le processus de mondialisation affecte la citoyenneté. La conjugaison de l'autonomie de gestion des collectivités territoriales et de la construction de l'Union européenne oblige à une redéfinition constante de l'identité nationale. Par là, l'application du principe de subsidiarité qui procède à cette remise en cause constitue un défi pour la citoyenneté nationale.

L'appartenance à une classe a pu être longtemps un substitut de la nation dans la conscience des couches populaires, écartées du pouvoir institutionnel. Mais la classe ouvrière pas plus que la bourgeoisie ne sont aujourd'hui des catégories homogènes, en raison de l'expansion de la sphère des services, du développement des travailleurs collectifs, des progrès technologiques, du dépassement du taylorisme et du fordisme au profit des cercles de qualité et de l'intéressement. Dans la mesure où la conscience de classe pouvait porter une citoyenneté en action ou en promesse, force est de constater qu'elle n'a plus aujourd'hui la même vigueur dans cette fonction, ce qui peut expliquer l'affaiblissement du mouvement syndical.

La désertification des campagnes et un certain type d'urbanisation de masse ont bouleversé les cadres traditionnels dans lesquels se forgeait et s'exprimait une citoyenneté classique. Les concentrations de populations dans de grands ensembles déshumanisés se sont notamment révélées destructrices de citoyenneté, dès lors que les conditions de vie y devenaient si difficiles, la promiscuité si pesante, que le lien social s'y est souvent brisé à partir du moment où les associations et les organisations politiques de terrain, elles-mêmes affaiblies, ne pouvaient plus assurer un minimum de cohésion sociale.

La famille n'échappe pas à cette mutation. Elle a pu constituer dans le passé le cadre naturel de préparation du futur citoyen, du passage d'un certain code familial à l'État de droit. Elle est fréquemment amenée aujourd'hui à se recomposer sur des bases qui estompent une lignée généalogique autrefois rassurante, porteuse de valeurs transmises de génération en génération, participant d'une conception relativement stable de la citoyenneté.

L'affaiblissement des grandes idéologies messianiques joue, enfin, un rôle important dans la perte des repères et le désarroi ambiant. Les axiomes de la théorie néoclassique ne correspondent plus à la réalité du libéralisme. L'essoufflement de l'État-providence réduit la base idéologique de la social-démocratie. La tension, classique en France, entre marxisme et catholicisme s'est beaucoup affaiblie ; la contradiction entre ces deux pôles de la vie politique est devenue moins féconde, sans que de nouveaux antagonismes s'y soient substitués avec la même force.

II. – La crise des représentations

« Où se trouve le représenté, il n'y a plus de représentant », écrit J.-J. Rousseau. Cette idée a parfois été utilisée pour critiquer la démocratie représentative ou dénoncer le rôle des élites.

1. **La relative désuétude de la forme « parti ».** – L'article 4 de la Constitution de la Ve République dispose que « les partis et groupements politiques concourent à l'expression du suffrage. Ils se forment et exercent leur activité librement. Ils doivent respec-

ter les principes de la souveraineté nationale et de la démocratie ». Le statut des partis a toujours constitué une question délicate. Négligeant la loi sur les associations du 1er juillet 1901, ils se sont généralement considérés comme associations de fait. Mais les dispositions législatives intervenues en matière de financement des partis politiques conduisent à un encadrement qui contribue à les définir. Le Conseil d'État a précisé les conditions à respecter pour être regardé comme « parti ou groupement politique » : relever de la loi du 11 mars 1988 relative à la transparence financière de la vie politique ou se soumettre aux règles fixées par les articles 11 à 11-7 de cette loi, qui imposent notamment aux partis et groupements politiques de ne recueillir des fonds que par l'intermédiaire d'un mandataire (CE 30 octobre 1996, *Élections municipales de Fos-sur-Mer*).

Un parti a consisté longtemps en un groupement auquel étaient associées certaines caractéristiques : des militants et des responsables au sein d'une hiérarchie, un groupe parlementaire, un journal d'opinion, l'observation de certaines pratiques (réunions, emblèmes, slogans), le cas échéant, une inspiration idéologique. Les citoyens reçoivent aujourd'hui une information traitée qui les met en mesure de se faire une opinion sans autres intermédiaires que les professionnels de l'information. Les modèles, les projets et les programmes politiques en sont considérablement dévalorisés, la confiance dans les élus en est atteinte.

L'affaiblissement de la bipolarisation droite-gauche modifie la structure traditionnelle du paysage politique. Les causes en sont d'abord sociologiques, avec le développement des classes moyennes et des exclus, la montée d'aspirations spécifiques concernant les femmes, les jeunes, les minorités, etc. Économiques ensuite : à la contradiction capital-travail s'ajoutent d'autres contradictions telles qu'entre le droit au développement et la protection de l'écosystème mondial, entre le progrès scientifique et la protection de la personne. Idéologiques, enfin, dans la mesure où à la bipolarisation traditionnelle s'ajoutent d'autres types d'antagonismes comme écologisme-productivisme ou égalité républicaine-communautarisme.

Les partis se sont constitués dans le cadre des États-nations, mais ils se sont également inscrits dans des internationales qui traduisaient les grandes confrontations mondiales des systèmes politiques. Ils subissent de ce fait à la fois la relativisation du cadre national et les changements intervenus à la suite de l'effondrement du régime dit du socialisme réel. Cela touche également leurs formes d'organisation et de fonctionnement (centralisme, tendances, césarisme) ; les dissidences se multiplient, les recompositions s'avèrent hypothétiques. Leurs effectifs se situent, en France, à de faibles niveaux, probablement moins de 400 000 adhérents pour l'ensemble des partis, soit moins de 1 % du corps électoral.

2. **L'altération des médiations.** – Si les associations représentent, comme nous l'avons dit, un moyen important de la démocratie locale, leur développement impétueux depuis 1975 (après les vagues des activités caritatives des origines, des mouvements de jeunesse du Front populaire, des diverses activités sociales liées à l'État-providence au moment de la Libération) tient aussi au déclin des structures traditionnelles d'organisation de la cité : des partis, mais aussi des services publics (de l'école, notamment), des assemblées élues, des Églises et de la famille.

Le mouvement associatif connaît une crise spécifique. La loi de 1901 a été utilisée à des fins qui ne sont plus sociales : les associations interviennent dans le champ concurrentiel et s'instituent en groupes de pression. Elles participent d'un démembrement de l'État et des diverses collectivités publiques pour contourner les règles de la comptabilité publique et du statut général des fonctionnaires. Elles drainent une masse importante de subventions (de l'ordre de 20 milliards d'euros sur un chiffre d'affaires total estimé à quelque 40 milliards d'euros) sur lesquelles ne s'exerce qu'un faible contrôle.

Si les associations peuvent être des écoles de formation à la citoyenneté, ce rôle est néanmoins limité à leur objet même, qui peut être d'un humanisme édifiant, mais aussi corporatiste, égoïste, sectaire ou mafieux. Leur développement est, pour une bonne part, la contrepartie de la crise de la politique. Sur la vie même des associations pèsent le mal-vivre ambiant, le jeu des ambitions et des intérêts personnels. Plusieurs d'entre elles, et non des moindres, ont été le siège de scandales importants sous couvert d'actions humanitaires. Les plus grandes développent des opérations de communication qui tendent à inscrire leur action dans une logique de marché.

Les médias jouent un rôle essentiel aujourd'hui dans la construction de la citoyenneté, ce qui en fait un enjeu de pouvoir déterminant. La confrontation de deux finalités concurrentes et difficilement compatibles (d'une part, le taux d'audience commandé par la loi du marché ; d'autre part, le service public veillant à la fiabilité de l'information, à sa distinction du commentaire, à l'appel à la réflexion et aux préoccupations culturelles) conditionne le façonnement de l'opinion publique. S'il est vrai que le citoyen dispose aujourd'hui de moyens sans précédent pour former son jugement, les moyens de la manipulation de l'opinion se sont accrus au même niveau. P. Bourdieu a montré comment le champ de production culturelle était dominé par le champ journalistique, lui-même déterminé par les contraintes du marché. Le système doit intégrer des instruments nouveaux se parant de rationalité, tel le sondage ; il « instaure avec les électeurs une relation directe, sans médiation, qui met hors jeu tous les agents individuels ou collectifs (tels que les partis ou les syndicats) socialement mandatés pour élaborer et proposer des opinions constituées ». Cela concourt à affaiblir l'autonomie du champ politique.

III. – Citoyenneté et nationalité

Cette situation de crise affectant à la fois l'individu et le tissu social ouvre le champ des évolutions possibles de la citoyenneté nationale.

1. **Modèles de citoyenneté.** – En effet, si la citoyenneté peut, à l'instar de ce qui a été fait ici, être présentée comme un modèle de théorie politique, il est tout aussi indispensable de connaître l'idée que se font les citoyens eux-mêmes de cette citoyenneté. Nous en avons déjà donné quelques éléments, confirmant une relative extériorité des représentations par rapport à la politique.

S. Duchesne définit la « citoyenneté à la française » comme le résultat de la tension existant entre deux modèles : d'une part, le « citoyen par héritage », membre d'une communauté définie par l'histoire, la continuité de l'effort des générations sur le même sol ; d'autre part, le « citoyen par scrupules », qui ne se reconnaît citoyen qu'en tant que redevable à la communauté organisée dont il est membre, mais à laquelle il oppose l'humanité sans frontières et sa propre individualité. Elle considère que la citoyenneté est un concept à valeur universelle, mais elle en souligne la force particulière en France et son lien avec l'identité nationale, conséquence vraisemblable de la période révolutionnaire. C'est ce qui expliquerait une certaine difficulté des citoyens français à penser le pluralisme des appartenances.

Proche du second modèle, la notion de « nouvelle citoyenneté » veut exprimer une conception qui serait moins définie théoriquement – ou réduite aux attributs élémentaires de la citoyenneté politique, en particulier le droit de vote – que située dans les champs les plus concrets de la vie sociale, par la reconnaissance de droits économiques et sociaux tels qu'emploi, éducation, logement et santé. Cependant, outre que ces différentes préoccupations ne sont pas contradictoires, l'affaiblissement, voire la négation, de l'héritage et des valeurs peut favoriser l'expression d'autres identités collectives à base culturelle, linguistique, religieuse ou ethnique. Le thème de la « nouvelle citoyenneté », utilitarisme se prévalant de la spontanéité et du pragmatisme, tend ainsi à établir une distance avec l'appartenance, avant tout politique, à la collectivité nationale et à faire prévaloir, par la voie contractuelle, un multiculturalisme ambigu. Sa légitimation serait ensuite recherchée au niveau supranational, européen notamment, sous couvert de la défense des droits des minorités.

2. **Du national à l'universel.** – Le mouvement de décomposition-recomposition qui caractérise les situations de crise renvoie ici, d'abord, à la responsabilité propre du citoyen. Si la référence sommaire à la République, à la nation, à la classe et au parti pouvait, dans le passé, caractériser l'essentiel de la citoyenneté, celle-ci exige aujourd'hui un engagement personnel plus marqué. La citoyenneté dans un monde complexe ne peut guère se concevoir sans une réappropriation par le citoyen des délégations de pouvoirs qu'il a

jusque-là consenties à des médiateurs de moins en moins aptes à assumer leur fonction de représentation.

Le plein exercice des libertés individuelles et publiques enrichit la citoyenneté. Le droit peut être le moyen d'expression d'une citoyenneté plus consciente, lorsqu'il concourt à la transparence administrative (la réglementation sur l'informatique et les libertés, la motivation des décisions administratives, l'accès aux documents administratifs et les archives, l'amélioration des relations entre l'administration et les usagers), ou même prend la forme du recours pour excès de pouvoir, par lequel le citoyen saisit le juge pour faire respecter la loi. La société civile propose aujourd'hui au citoyen une large gamme de mouvements, associations, clubs et partis moins systématiquement hiérarchisés qu'autrefois, qui lui permettent une structuration plus libre de sa citoyenneté, sous la forme d'une combinaison d'engagements sociaux diversifiés et lui appartenant en propre, puisqu'ils ne dépendent que de ses choix : ce que l'on pourrait regarder comme un « génome de citoyenneté ».

La conjonction de la crise de l'individualité et des représentations suggère ensuite que la conception d'une nouvelle organisation politique comme cadre d'une citoyenneté active réside moins dans une pérennisation de la séparation entre démocratie participative et démocratie représentative, fussent-elles améliorées, que dans leur meilleure combinaison. Les formes de ce nouveau dispositif, dépendant du processus historique, ne peuvent être anticipées clairement. Tout au plus peut-on considérer que toute réflexion sur les formes politiques nouvelles, au sein desquelles la citoyenneté est appelée à s'exprimer, devra s'efforcer de concilier deux préoccupations contradictoires : d'une part, l'organisation souple en réseaux interactifs respectant les particularités et favorisant des échanges d'expériences variées ; d'autre part, l'existence d'une centralité apte à exprimer des convergences suffisamment fortes et cohérentes pour permettre une action collective efficace. L'action militante et la manifestation publique restent en tout état de cause des moyens déterminants permettant aux citoyens d'engager leur propre responsabilité politique aussi bien sur des questions dites de « proximité » que sur les problèmes les plus généraux : emploi, salaires, organisation sociale.

Dans ces conditions, la citoyenneté est-elle appelée à se dissocier de la nationalité ? Observons que, prolongeant l'affirmation des nationalités exprimée au XIXe et au début du XXe siècle, la décolonisation puis l'effondrement du bloc soviétique ont conduit à un quadruplement du nombre des États-nations depuis la seconde guerre mondiale, ce qui a généralement été considéré comme un progrès de la démocratie et de la citoyenneté. Mais ces affirmations nationales ont aussi donné lieu à des manifestations identitaires exacerbées, conduisant soit à créer une confusion entre nation et nationalisme, invitant à l'abandon de la citoyenneté à base nationale, soit à préconiser une « préférence nationale » susceptible d'aboutir à une restriction des droits de l'homme, contraire tant à la tradition nationale de la France qu'à ses engagements internationaux.

À ces conceptions s'oppose l'idée que la nation est et demeure le niveau le plus pertinent d'articulation du général et du particulier et que la citoyenneté nationale vaut par la vocation à l'universalité de ses valeurs, voire de son exercice. Le nationalisme, à l'inverse, est soit une revendication de caractère ethnique, soit l'expression d'une volonté de puissance affirmant la nation aux dépens des autres.

Chapitre VIII

L'ÉMERGENCE DE CITOYENNETÉS TRANSNATIONALES

« Les nations ne sont pas quelque chose d'éternel. Elles ont commencé, elles finiront », avertissait E. Renan dans sa célèbre conférence à la Sorbonne sur le thème « Qu'est-ce qu'une nation ? », le 11 mars 1882. Et il ajoutait : « La confédération européenne, probablement, les remplacera. Mais telle n'est pas la loi du siècle où nous vivons. » Plus d'un siècle plus tard, le moment serait-il venu ?

I. – L'institution d'une citoyenneté européenne

Le traité de Maastricht a introduit dans le traité instituant la Communauté européenne une partie intitulée « La citoyenneté de l'Union ». Il s'agit d'une véritable novation.

1. **Une longue marche.** – À la suite du sommet de Paris de 1974, le rapport Tindemans sur l'Union recommande, en 1975, le renforcement des droits des citoyens. Différents documents émanant de la Commission et du Conseil évoquent ensuite la question, mais c'est le sommet de Fontainebleau de 1984 qui décide la création du comité Adonnino lequel propose en 1985 une série de mesures qui ne seront pas immédiatement suivies d'effet. L'Acte unique, adopté en 1986, se situe

toujours, certes, sur le terrain économique, mais encourage la liberté de circulation et préconise des politiques sectorielles favorables à la citoyenneté (éducation, culture et environnement). La Cour de justice des Communautés européennes, de son côté, développe une jurisprudence par référence aux principes généraux du droit, aux traités internationaux conclus par les États membres et à la Convention européenne de sauvegarde des droits de l'homme. Une note espagnole du 24 septembre 1990 avait donné une définition ambitieuse de la citoyenneté européenne, largement reprise par la Commission dans un avis du 28 février 1991, mais le Parlement adopte, le 19 juin 1991, une résolution sur la citoyenneté communautaire ramenant l'ambition de créer un statut du citoyen européen à l'énumération d'un certain nombre de droits. Finalement, le traité de Maastricht, en 1992, consacrera la conception minimale, tout en renvoyant certaines des dispositions des projets primitifs dans d'autres parties du traité instituant la Communauté européenne.

2. **Une faible densité.** – Le traité a décidé en son article 17 : « Il est institué une citoyenneté de l'Union », mais c'est pour faire dépendre aussitôt cette citoyenneté de la nationalité de chaque État membre : « Est citoyen de l'Union toute personne ayant la nationalité d'un État membre. » Le traité d'Amsterdam a ajouté : « La citoyenneté de l'Union complète la citoyenneté nationale et ne la remplace pas. » Les articles suivants déclinent les droits et devoirs des citoyens européens.

A) *Le droit de circulation et de séjour.* – Ce droit, placé en tête en raison de ses origines économiques, n'est pas réellement nouveau, mais il se trouve ainsi, en quelque sorte, constitutionnalisé (art. 18). Il consacre surtout le droit d'aller et venir des ressortissants européens au sein de l'Union, et plus spécialement de l' « espace Schengen », sans affecter les politiques migratoires des États membres qui restent essentiellement nationales, même si se développent des efforts d'harmonisation (Convention de Dublin en 1990 et sommet de Séville en 2002). En revanche, dans la mesure où cette liberté de circulation et de séjour est fondée sur la réciprocité de la reconnaissance de ce droit par les États membres, elle tend à s'opposer à la « citoyenneté de résidence » qui avait pu s'établir dans différents pays en faveur de ressortissants des pays tiers.

B) *Des droits politiques.* – Il s'agit tout d'abord du droit de vote et d'éligibilité aux élections municipales et aux élections du Parlement européen, ouvert à tout ressortissant d'un d'État membre dans l'État où il réside (art. 19). Mais, aux élections pour le Parlement européen de 1994, seulement 5,6 % des ressortissants communautaires s'étaient inscrits sur les listes électorales d'un autre pays que leur pays d'origine dans l'ensemble de l'Union européenne (4,4 % en France) ; ils étaient environ 10 % aux élections de 1999. Dès 1989, M. Duverger avait pu être candidat en Italie et élu au Parlement ; en 1994 une seule candidate a été élue dans un pays autre que son pays d'origine. En revanche, il y en a eu quatre (sur une soixantaine de candidatures de ce type) en 1999 : deux en Belgique, une en Italie et une en France (D. Cohn-Bendit, de nationalité allemande). S'agissant des élections municipales, la France a dû réviser sa constitution en application des dispositions de l'article 19 du traité (art. 88-3). L'introduction de ce droit a également eu pour effet de faire rebondir la question du droit de vote aux élections locales pour les étrangers non communautaires.

Il s'agit ensuite du droit de pétition (1er al., art. 21, et art. 194). Le règlement intérieur du Parlement européen le prévoyait déjà ; il est donc constitutionnalisé. Pour autant, on n'a pas observé de changement de rythme dans le recours croissant à ce moyen, qui constitue pour le Parlement une bonne source d'information sur l'application du droit communautaire, mais qui n'a pas débouché, pour le moment, sur des réformes importantes.

Enfin, bien qu'elles ne figurent pas dans la partie consacrée à la citoyenneté de l'Union, on doit signaler certaines dispositions du traité qui constituent indéniablement des droits politiques du citoyen européen. Il s'agit, notamment, de l'élection du Parlement au suffrage universel pour la première fois en 1979, de l'ouverture partielle des fonctions publiques nationales (en France, loi du 26 juillet 1991, modifiant le statut général des fonctionnaires), de l'égalité des rémunérations des hommes et des femmes (art. 141 du traité) ainsi que de la reconnaissance de l'utilité des partis politiques (art. 191).

C) *Des garanties juridiques.* – Le droit à la protection diplomatique et consulaire (art. 20) existait depuis la Convention de Vienne de 1961. La mesure retenue par le traité est une solution minimaliste par rapport aux propositions de la Commission, qui envisageait de reconnaître, au bénéfice des citoyens européens, un droit à la protection diplomatique de l'Union et des États membres eux-mêmes, alors qu'il ne s'agit ici que d'une protection limitée, à la discrétion de l'État considéré.

Le recours au médiateur (2e al., art. 21) ne constitue pas une réforme de plus grande portée que celle des institutions nationales de même nature. Il existe une grande confusion sur son rôle : en 2000, seulement

28 % des 2 017 plaintes dont il a été saisi relevaient de sa compétence et seulement les deux tiers d'entre elles étaient recevables.

Il convient également de mentionner dans la catégorie des garanties juridiques des dispositions ne figurant pas dans la définition de la citoyenneté européenne : l'article 12 du traité interdit toute discrimination en raison de la nationalité et l'article 13 celles relatives au sexe, à la race ou à l'origine ethnique, à la religion ou aux convictions, à un handicap, à l'âge et à l'orientation sexuelle. L'article 6 du traité sur l'Union européenne déclare que l'Union respecte les droits fondamentaux et les principes généraux du droit communautaire.

D) *Les autres attributs de la citoyenneté européenne.* Outre l'introduction de la monnaie unique, on rappellera pour mémoire des droits économiques et sociaux épars dans les traités. On relèvera enfin des symboles qui peuvent être regardés comme participant d'une citoyenneté en gestation : le drapeau adopté en 1985, l'hymne en 1988, mais aussi le permis de conduire (1980), le passeport (1982) et la carte verte (1983).

II. – Une citoyenneté de superposition

L'expérience de la citoyenneté européenne est courte, mais elle pose de nombreuses questions. Élaborée par en haut, elle n'a pas soulevé un grand intérêt de la part des citoyens. Création originale, on a pu parler à son sujet d' « objet politique non identifié » ou de « citoyenneté à l'état pur ».

1. **Une citoyenneté sans autonomie.** – La citoyenneté, nous l'avons souligné, doit constituer un en-

semble cohérent de valeurs, de droits et de devoirs ; sinon, elle n'existe pas. On est donc normalement amené à s'interroger sur l'existence même de la citoyenneté européenne. La première difficulté réside dans la définition choisie : « Est citoyen de l'Union toute personne ayant la nationalité d'un État membre. » Cela veut dire qu'un Européen qui réside dans un pays de l'Union dont il n'est pas ressortissant est citoyen de son pays d'origine et qu'il dispose en plus des droits qui lui sont conférés par les articles 17 à 21 du traité. Les droits énumérés dans ces articles – qui ne comportent aucune mention des devoirs – ne sont à l'évidence ni suffisants ni assez cohérents pour constituer une véritable citoyenneté autonome au sens où nous l'entendons. « Évoquer une citoyenneté européenne reste largement une ambition incantatoire, sinon un abus de langage », estiment P. Magnette et M. Telo. La Charte des droits fondamentaux adoptée à Nice en décembre 2000 n'apporte pas, à cet égard, d'élément nouveau.

On aura également remarqué que presque tous les droits retenus n'existent que sous de nombreuses réserves émanant du traité lui-même ou de l'intervention des États. Ainsi, la liberté de circulation n'existe que sous réserve des limitations qui lui sont opposées par le traité ; les droits de vote et d'éligibilité sont conditionnés par des décisions du Conseil statuant à l'unanimité et les dérogations éventuellement réclamées par les États ; la protection diplomatique et consulaire suppose l'établissement de règles entre États membres et l'engagement de négociations internationales avec les pays tiers.

Mais la faiblesse de la citoyenneté européenne tient surtout aux options économiques et financières dominantes de l'Union européenne, au détriment de la construction politique et sociale de l'Europe. Cela explique, sans doute, l'indifférence des citoyens, la faiblesse du militantisme sur le sujet et le niveau élevé des abstentions aux élections du Parlement européen. Il n'existe ni peuple ni nation européenne, et, dès lors, la citoyenneté européenne apparaît comme un concept de substitution. En dépit des étapes franchies dans la voie de la construction européenne, les gouvernements nationaux conservent un rôle déterminant, au sein du Conseil naturellement, mais également en ce qui concerne les décisions de la Commission.

2. **Pour quelle communauté politique ?** – C'est pourquoi on a aussi parlé de citoyenneté d'« attribution », de « conséquence », de « superposition », de citoyenneté européenne « à plusieurs vitesses ». Mais on ne doit sans doute pas déduire du fait que cette citoyenneté ne suive pas le schéma classique impliquant que la nation précède la citoyenneté qu'elle n'est promise à aucun avenir. On pourrait, au contraire, souligner sa valeur mobilisatrice, anticipatrice d'une communauté politique aujourd'hui encore imprécise. J. Masclet estime que la reconnaissance de la citoyenneté appelle à la conscience d'une communauté politique, qu'elle contribue à cette prise de conscience et que celle-ci doit être relayée par un renforcement de la démocratie représentative. L'identification d'un corps électoral européen élisant une assemblée au suffrage universel direct, selon une procédure uniforme dans tous les États membres (art. 190), créerait, selon lui, de la souveraineté au bénéfice de l'institution concernée.

Il reste cependant à s'interroger sur les valeurs de cette citoyenneté. Celles qui fondent les citoyennetés nationales présentent, on le sait, de fortes contradictions, et leur convergence suppose une confrontation dont tout laisse penser qu'elle serait sévère, comme l'indiquent les débats entre Européens sur le service public, l'intégration, la place de la religion dans la société, par exemple. Quelles pourraient alors être les valeurs spécifiques d'une citoyenneté européenne ? On évoque parfois, à ce sujet, l'environnement, l'antiracisme, le dialogue des religions, l'accueil des réfugiés, le codéveloppement, la coopération et les flux migratoires, le multiculturalisme, la défense, les droits de la femme et les droits de l'homme. Mais, outre que ces questions sont déjà débattues au niveau national et qu'elles relèvent alors du choix plus général de valeurs cardinales évoquées dans la première partie, elles n'ont aucune raison d'être limitées à l'Europe, aussi élargie soit-elle, et, au-delà de la nation, elles peuvent être posées d'emblée de façon transnationale.

On peut toutefois émettre l'hypothèse, retenue par la plupart des auteurs, que la promotion de la citoyenneté européenne recouvre surtout une option implicite en faveur d'une organisation fédérale. C'est ce qu'exprime notamment P. Magnette : « L'introduction de la citoyenneté dans le traité, parallèle à la définition du principe de subsidiarité, apparaît à cet égard comme un vestige du projet fédéral. Établir une relation directe entre l'Union et les citoyens, passant en quelque sorte par-dessus les États membres, relève en effet de la nature intime du fédéralisme. » La citoyenneté européenne appellerait alors l'élaboration d'une constitution de l'Union. C'est, à l'évidence, l'ambition de la Convention sur l'avenir de l'Europe qui doit formuler des propositions de réforme de l'Union.

3. **Des perspectives de développement.** – Elles sont ouvertes, mais très encadrées, par l'article 22 du traité qui prévoit que les droits retenus pourront être complétés par des dispositions arrêtées par le Conseil, statuant à l'unanimité sur proposition de la Commission,

et après consultation du Parlement, dispositions dont le Conseil recommandera l'adoption par les États membres conformément à leurs règles constitutionnelles respectives. Les échéances monétaires, notamment avec l'introduction de l'euro au 1er janvier 2002, ne doivent pas masquer, en effet, que la construction de l'Europe politique s'accélère avec la ratification du traité de Maastricht autorisée par le référendum du 20 septembre 1992 et celle du traité d'Amsterdam par le Parlement, le 20 mars 1999. Par ailleurs, on peut penser que la novation juridique que constitue la citoyenneté européenne pourrait être heureusement croisée avec le principe de subsidiarité tel qu'il est défini à l'article 5 du traité : « Dans les domaines qui ne relèvent pas de sa compétence exclusive, la Communauté n'intervient, conformément au principe de subsidiarité, que si et dans la mesure où les objectifs de l'action envisagée ne peuvent pas être réalisés de manière suffisante par les États membres et peuvent donc, en raison des dimensions ou des effets de l'action envisagée, être mieux réalisés au niveau communautaire. »

III. – Citoyenneté et mondialisation

L'arrimage de la citoyenneté à la nationalité connaît donc de nombreuses dérogations que le processus de mondialisation tend à multiplier. Doit-on pour autant en conclure que se constituent ainsi progressivement les bases d'une citoyenneté universelle ?

1. **Divergence entre nationalité et citoyenneté.** – La nationalité n'entraîne pas la citoyenneté, bien qu'elle soit généralement déterminante de son existence ; mais l'inverse est également vrai : la citoyenneté n'est pas dans une relation biunivoque avec

la nationalité. Ainsi, l'Américain Thomas Paine et l'Allemand Anacharsis Cloots – qui se proclamait « citoyen de l'humanité » – furent reconnus citoyens français et députés à la Convention. Après avoir participé à la guerre de 1870 aux côtés de la France, l'Italien Garibaldi fut élu député dans quatre départements français. La citoyenneté et la nationalité sont d'autant plus aisément admises que le moment historique est intense et traduit une communauté d'idéaux et de démarches de ses acteurs.

En revanche, la question est plus délicate lorsqu'il s'agit non d'individus mais de parties de la nation, de minorités exprimant des revendications nationales. Au début du XXe siècle, l'Autrichien K. Renner a proposé, à partir de l'analyse de la situation en Autriche-Hongrie, de découpler la citoyenneté de la nationalité pour ne pas avoir à modifier les frontières : la citoyenneté commune conférait à tout ressortissant de l'une des minorités nationales un statut défini par l'appartenance à l'État multinational. La citoyenneté soviétique se fondait sur la diversité des nationalités : russe, ukrainienne, biélorusse, etc. En France, le Conseil constitutionnel a refusé en 1991, nous l'avons dit, de reconnaître un « peuple corse ». En revanche, l'accord sur la Nouvelle-Calédonie du 5 mai 1998 prévoit que, dans les vingt années à venir, « des signes seront donnés de la reconnaissance progressive d'une citoyenneté de la Nouvelle-Calédonie, celle-ci devant traduire la communauté de destin choisie et pouvant se transformer, après la fin de la période, en nationalité, s'il en était décidé ainsi ». La citoyenneté en Nouvelle-Calédonie divergerait de la citoyenneté française pendant la période de transition, entraînant éventuellement sa transformation qualitative en nationalité au terme du processus. L'évolution du statut de la Polynésie française conduit également à renforcer l'identité propre de ce pays d'outre-mer par la création d'une citoyenneté polynésienne.

2. **Des bases pour une citoyenneté mondiale.** – Les exemples précédents, s'ils illustrent une dissociation plus ou moins marquée du couple nationalité-citoyenneté, ne sont toutefois pas expressément caractérisés par une vocation à l'universalité. La même remarque a été faite à propos de la citoyenneté européenne qui, faute de nation ou d'État européen, se définit en passant par la nationalité de chacun des États membres. De même si, à l'intérieur du cadre national, la notion de « nouvelle citoyenneté » tend à s'affranchir de ce déterminisme, c'est au nom d'un pragmatisme, et non d'un universalisme (sauf cas de prosélytisme religieux ou ethnique). Le niveau national n'est donc en rien un handicap au regard des préoccupations universalistes qui peuvent être poursuivies par la convergence des citoyennetés nationales.

Cela ne dispense pas, en tout état de cause, de rechercher au niveau mondial des points d'appui, juridiques notamment, pour accréditer la notion de citoyenneté mondiale à un moment où l'histoire de l'humanité se caractérise par la prise de conscience d'une communauté de destin pour le genre humain, mais aussi par une mondialisation qui se développe surtout sur le plan économique, certains auteurs n'hésitant pas à présenter le citoyen-consommateur comme l'esquisse d'une citoyenneté « postmoderne », citoyenneté sans concitoyenneté. Les 5 000 organisations non gouvernementales sont aussi quelquefois regardées comme les nouveaux vecteurs d'une « citoyenneté sauvage ».

Cette mondialisation est encore le fait de l'expansion des échanges, notamment ceux réalisés sur le réseau *Internet*, nouvel espace d'expression humaine, riche de possibilités et, en même temps, lourd de dangers pour les vies privées comme pour les États. En effet, ces derniers voient contesté, par une sorte d'autorégulation des « internautes », leur monopole de création de normes juridiques, ce qui conduit à tenter de définir les règles d'une nouvelle « civilité mondiale » reposant à la fois sur un équilibre acceptable par les acteurs et des préoccupations d'intérêt général.

Le droit international est marqué par ses origines occidentales, et, si sa contribution à l'élaboration d'un ordre juridique international et mondial a été éminente, l'étroitesse de ses origines est aussi un handicap. L'article 1er de la Charte des Nations Unies du 26 juin 1945 se prononce pour la paix et le règlement pacifique des différends, la coopération entre les nations. Surtout, l'article 2, pour la première fois dans l'histoire, fait interdiction aux États de recourir à la force et avance l'idée de sécurité collective. Participent aussi de cette base, qui permettrait d'asseoir progressivement le statut juridique d'une citoyenneté mondiale, des conventions internationales importantes, au premier rang desquelles : la Déclaration universelle des droits de l'homme du 10 décembre 1948, la Convention relative au statut des réfugiés du 28 juillet 1951, le Pacte international relatif aux droits civils et politiques et le Pacte international relatif aux droits économiques, sociaux et culturels du 19 décembre 1966, la Convention relative aux droits de l'enfant du 26 janvier 1990.

Si l'on se réfère à la problématique ici retenue, on doit s'interroger sur les valeurs universelles qui pourraient finaliser une citoyenneté mondiale : la paix, la sécurité sous toutes ses formes, le droit au développement, la protection de l'écosystème mondial, la maîtrise scientifique, les droits de l'homme et du genre humain, parmi bien d'autres.

Quant aux moyens de l'exercice d'une telle citoyenneté, si les textes qui viennent d'être mentionnés peuvent les préfigurer, ils sont loin d'avoir acquis une autorité internationale indiscutable. Il n'en reste pas moins qu'une dynamique existe à ces différents niveaux (national, européen et mondial), et que des synergies peuvent dès maintenant s'y développer.

Chapitre IX

DROITS DE L'HOMME ET DROITS DU CITOYEN

« Les droits de l'homme sont des libertés, les droits du citoyen sont des pouvoirs », a écrit J. Rivero. Les manifestations de crise évoquées expriment fréquemment la confrontation des libertés et des pouvoirs, et, par là, peuvent conduire droits de l'homme et droits du citoyen à diverger.

Cette contradiction renvoie elle-même à l'interrogation sur la légitimité des pouvoirs : ceux de l'Organisation des Nations Unies, qui peut être créditée de son action pour empêcher un nouveau conflit mondial, mais qui n'a pu éviter ni de multiples conflits locaux ni une crise sociale à grande échelle ; ceux des États-nations, relativisés dans leurs prérogatives et, par là, risquant la facilité du recours à l'arbitraire et à la raison d'État.

I. – Le défi de la raison d'État

La raison d'être de l'État se fonde essentiellement sur sa vocation à exprimer la souveraineté nationale et sa capacité à définir l'intérêt général. Dans cette acception, il existe une raison d'État légitime. Pour C. Lazzeri et D. Reynié, la raison d'État ne serait rien d'autre que l'art de bien gouverner « une science de l'administration et de ses effets sur la société dont le mercantilisme, le caméralisme, la statistique et les théories de la police constituent le noyau dur ». Il s'agirait donc d'une sorte de technologie du pouvoir derrière laquelle on peut, certes, voir poindre une technocratie, mais qui a peut-être eu aussi le mérite originel de dégager l'État de tout ordre naturel, de toute transcendance, donc de laïciser l'État. Toutefois, ces deux auteurs distinguent une autre acception : « La raison d'État se définit comme l'ensemble des décisions et des actes politiques dont la légitimité ou la légalité sont problématiques et par lesquels un État souverain assure sa réalisation, qu'il existe ou non des recours internes permettant de se garantir de telles pratiques. »

On doit donc distinguer cette double acception de la raison d'État, légitime et illégitime, dont la séparation est effectivement problématique, ainsi que l'ont révélé, pour s'en tenir à l'exemple de la France, diverses circonstances du processus de décolonisation, l'affaire Greenpeace, l'intervention au Rwanda, les écoutes téléphoniques de l'Élysée. On relèvera également que la Constitution ou la loi ouvrent elles-mêmes des espaces à la raison d'État : la déclaration de guerre (art. 35), l'état de siège (art. 36), l'état d'urgence (loi du 3 avril 1955 modifiée par l'ordonnance du 15 avril 1960), les prérogatives exceptionnellement accordées au président de la République (art. 16).

On peut aussi évoquer, à ce propos, la théorie juridique des circonstances exceptionnelles et des actes de gouvernement, que le juge se borne à qualifier comme tels, mais qui ne relèvent pas de son appréciation. On ajoutera également ce que M. Delmas-Marty appelle les « ruses de la raison d'État », par exemple : la pratique de ratification des traités internationaux assortie de réserves et de déclarations interprétatives, et aussi : la « résistance sournoise » qui consiste, pour les États, à considérer que les règles internes sont mieux à même de protéger les droits et à invoquer surtout les règles internationales dans les dérogations qu'elles prévoient.

II. – Les droits de l'homme, une antithèse insuffisante

Montesquieu disait déjà : « Il y a des cas où il faut mettre, pour un temps, un voile sur les libertés comme l'on cache les statues des dieux. »

1. **Droits de l'homme, d'assistance, d'ingérence.** – Si l'on s'en tient à la seule Déclaration universelle de 1948, elle définit un large champ de droits dont certains ont un caractère politique évident : non-discrimination fondée sur la race, la couleur, le sexe, la religion, les opinions politiques et l'origine ; interdiction de l'esclavage, de la torture et de la détention arbitraire ; droit d'être jugé équitablement ; protection de la vie privée ; droit de circulation ; droit d'asile ; droit à une nationalité, au mariage, à la propriété, à l'éducation, à la sécurité sociale, au travail et à une rémunération équitable ; liberté de pensée, de conscience et de religion ; liberté de réunion et d'association, d'égal accès aux fonctions publiques ; droit syndical, droit de vote.

À ces droits doit être ajouté un droit de plus en plus fréquemment invoqué, droit prévu par l'article 28 et dont la portée est évidemment très politique puisqu'il s'exprime couramment sous les vocables de « droit à l'assistance humanitaire », voire de « droit d'ingérence » : « Toute personne a droit à ce que règne, sur le plan social et sur le plan international, un ordre tel que les droits et libertés énoncés dans la présente Déclaration puissent y trouver plein effet. »

Sans doute réserve-t-on à l'État territorialement

compétent le premier rôle dans la conduite de l'action humanitaire. On admet toutefois qu'à défaut les autres États peuvent intervenir en cas de violation massive des droits de la personne, nonobstant le principe de souveraineté nationale. C'est une raison nécessaire et suffisante, mais l'intervention des États ou de la communauté internationale doit être limitée dans le temps, et proportionnée. Différentes opérations ont été justifiées au cours des dernières années pour des raisons humanitaires (des États-Unis en Somalie, de la France au Rwanda). La guerre du Golfe, en 1991, a été menée au nom du respect du droit, et celle des Balkans, en 1999, a montré que la justification par les droits de l'homme pouvait l'emporter sur le principe de souveraineté des États-nations.

Cette évolution a été consacrée par l'entrée en vigueur le 15 juillet 2002 du traité créant la Cour pénale internationale qui a nécessité, en France, l'insertion dans la Constitution d'un article 53-2 aux termes duquel « la République peut reconnaître la juridiction de la Cour pénale internationale dans les conditions prévues par le traité signé le 18 juillet 1998. »

2. **Une problématique limitée.** – Les droits de l'homme constituent un ensemble incertain, ce qui nourrit un désordre juridique peu favorable au respect des règles qu'ils posent. Il existe plusieurs déclarations des droits qui ne se recoupent pas. Par leur généralité, les droits de l'homme ne sont en fait que le dénominateur commun minimal des pays qui y adhèrent. La référence qu'ils constituent pour un pays déterminé peut donc jouer soit comme contrainte, soit comme stimulant. Il y a là une difficulté objective à « penser le multiple », selon l'expression de M. Delmas-Marty, qui plaide pour un droit commun qui ne soit pas un droit unique. On observera que la plupart des droits de

l'homme affichent eux-mêmes leurs limites, ce qui nourrit de grandes ambiguïtés dans lesquelles peut s'engouffrer la raison d'État. Ainsi, de très nombreuses dispositions de la Convention européenne de sauvegarde des droits de l'homme et des libertés fondamentales comportent des dérogations, des exceptions et des restrictions. Sans doute ces réserves ne peuvent-elles être appliquées « que pour le but pour lequel elles ont été prévues », mais ces buts sont extrêmement étendus. En définitive, seul un très petit nombre de droits bénéficient d'une protection absolue : l'interdiction de la torture et des peines ou traitements inhumains ou dégradants, de l'esclavage et de la servitude, de la condamnation à une peine pour un acte qui ne constituait pas une infraction au moment où il a été commis.

Une autre raison, moins évidente, peut conduire à douter de l'efficacité de la problématique des droits de l'homme : la radicalisation « droits de l'homme - raison d'État » ne conduit-elle pas à laisser le champ libre à l'État pour s'autodéterminer sur le terrain des finalités sociales ? En effet, il importe de distinguer les raisons illégitimes et les raisons légitimes de la raison d'État. Or il s'agit d'une appréciation essentiellement politique, qui se réfère à des valeurs et des options non systématiquement comprises dans le champ des droits de l'homme : par exemple, le caractère commercial ou non des organes humains, le choix entre le droit du sol et le droit du sang, la séparation des Églises et de l'État, la spécification de l'intérêt général par rapport aux intérêts particuliers, les revendications communautaristes contestant la souveraineté nationale et populaire. Pour M. Gauchet, l'idéologie des droits de l'homme, a-historique, fonctionnant sur la base de l'indignation spontanée immédiate, combinée au pouvoir médiatique, s'inscrit dans une autorégulation des rapports sociaux qui n'est pas sans rapport avec celle du marché dans la sphère des rapports économiques.

On conclura, sur ce point, avec H. Arendt : « Les droits de l'homme, en principe inaliénables, se sont révélés impossibles à faire respecter, même dans les pays où la constitution se fondait sur eux, chaque fois que sont apparus des gens qui n'étaient pas citoyens d'un État souverain (...). Personne ne semble capable de définir avec certitude, ce que ces droits de l'homme en général, par opposition aux droits du citoyen, sont exactement. »

III. – Les droits du citoyen, une réponse appropriée

La citoyenneté apparaît alors comme la catégorie politique, juridique et philosophique qui, tout en s'appropriant l'ensemble des acquis des différentes déclarations des droits de l'homme, est capable de traiter de la raison d'État sur son propre terrain, avec les moyens de l'appareil et des droits spécifiques, pour circonscrire la partie légitime de la raison d'État et supprimer ou réduire la partie illégitime, en obligeant, le cas échéant, la matière traitée à réintégrer l'État de droit.

1. **Raisonner la raison d'État.** – Puisque, pour partie du moins, la raison d'État est expressément prévue dans l'État de droit, les instruments de sa maîtrise existent, et la solution dépend de leur mise en œuvre correcte. Comme, au surplus, une partie de cet État de droit est constituée par l'application en droit interne de règles du droit international, il est possible de prévoir le contrôle d'instances internationales, telle la Cour européenne des droits de l'homme pour

l'application de la Convention européenne ou, dans l'avenir, de la Cour pénale internationale. Sans doute le respect d'une « marge nationale d'appréciation », jointe à la compétence nationale des États reconnue par le point 7 de l'article 2 de la charte des Nations Unies, fait-elle la part belle aux États et réduit-elle le contrôle des instances internationales à un contrôle à la marge, mais celui-ci n'en est que plus significatif, évoluant entre deux solutions irréalistes : la soumission absolue du droit national au droit international ou leur coexistence juxtaposée.

C'est donc dans un dialogue permanent entre les différentes instances que peut s'apprécier la légalité ou la légitimité des décisions prises par un État, que la justification par la nécessité apparaît sincère ou non, que l'esprit démocratique de la démarche correspondant à une exigence explicite ou implicite peut être prouvée. Il importe aussi de situer cette dialectique dans le temps au cours duquel les règles des différents systèmes peuvent évoluer. Enfin, des moyens de coercition internationale existent, dont l'effet est incertain, mais qui peuvent n'être pas inopérants, soit juridiquement (déclaration de violation de la Convention et octroi d'une « satisfaction équitable »), soit économiquement (réduction d'aide et blocus).

Sur le plan interne, le strict respect de l'État de droit est, bien entendu, la solution la plus simple pour les raisons de l'État qui s'expriment sur cette base à travers exceptions et dérogations aux règles fondamentales. La raison d'État imprègne une large part de notre droit administratif (contrôle juridictionnel des pouvoirs de police, contentieux de l'utilité publique, découpage des circonscriptions électorales, appréciation des actes de gouvernement). Mais le contrôle de la raison d'État, une fois celle-ci admise, n'est pas chose aisée. Il est le plus souvent prévu : ainsi, dans le cas de l'article 16 de la Constitution, par des consultations sur les circonstances exceptionnelles, le Parlement réuni de plein droit et le rôle du Conseil constitutionnel.

Ce contrôle est, au fond, antinomique avec la raison d'État et conduit le plus souvent à des impasses : ainsi, le secret de l'instruction s'oppose au secret défense. Si le juge ne déclare pas qu'il a affaire à des actes de gouvernement, il ne reste plus à ce dernier que... de ne pas appliquer les décisions de justice qui lui seraient défavorables et de laisser passer le temps. Une autre solution serait d'avoir recours à une autorité indépendante composée de magistrats, ainsi que le propose D. Chabanol, qui note : « En cette matière le cheminement entre cynisme et naïveté est délicat et malaisé. Au cynique il convient de faire valoir qu'une raison d'État totalement incontrôlée instille dans le corps social des réactions malsaines : si le gouvernement peut tout faire, on peut tout faire au gouvernement, et ignorer la loi... Au naïf qui refuse d'admettre l'idée même de raison d'État et *a fortiori* qu'il faille lui consacrer un régime de droit spécifique il convient de montrer que cette pureté kantienne est le meilleur terreau dont puisse se nourrir la raison d'État. »

2. **Maîtriser la raison d'État.** – L'affirmation des valeurs de la citoyenneté a pour fonction d'éclairer la démarche du corps social organisé dans la cité, à travers le débat politique des citoyens. La conception élevée de l'intérêt général est sans doute difficile à appréhender avec certitude, mais sa recherche n'en est pas moins structurante, fondatrice. Elle donne sens à l'État, car il s'agit de contester l'accaparement du pouvoir et de ramener l'intérêt général au centre du débat politique. Il en est de même pour l'affirmation

du principe d'égalité, qui ne saurait supporter de dérogations non justifiées par des situations différentes ou par un intérêt général explicite, une raison d'État légitime ; ainsi que pour l'exigence de responsabilité, aux multiples facettes, mais dont la dimension politique ne saurait ouvrir la voie à l'arbitraire des gouvernants en charge du bien commun. La consolidation des droits et devoirs du citoyen dans l'État de droit, leur plein exercice, est de nature à réduire les zones d'ombre de la décision publique. Enfin, la dynamique de la citoyenneté s'exprime aujourd'hui dans une crise de l'individualité, des représentations et des médiations qui peut être source de tous les dangers pour la démocratie. Mais cette situation a également pour effet de rendre inacceptable une raison d'État qui ne serait qu'une prétention indiscutable au seul nom du secret et de stimuler la réflexion sur le contenu moderne de la citoyenneté.

CONCLUSION

S'il n'est pas souhaitable d'enfermer la notion de citoyenneté dans une définition excessivement précise, encore faut-il résister à la facilité consistant à invoquer la citoyenneté à tout propos et, très souvent, pour masquer la vacuité d'un discours. La problématique ici proposée exprime une conception que l'on s'est efforcé de développer avec rigueur.

On soutient fondamentalement que la citoyenneté se distingue de la civilité et même du civisme – qu'elle inclut cependant – en ce qu'elle n'est pas seulement constituée de règles de bonne conduite en société, ni même de l'ensemble des droits et devoirs du citoyen. Elle suppose l'existence de valeurs qui peuvent être débattues contradictoirement (le service public, le droit du sol, la laïcité), mais qui sont néanmoins reconnues comme références majeures par la communauté des citoyens.

Ces valeurs, tout comme l'ensemble des moyens d'exercice de la citoyenneté, varient d'une nation à l'autre et évoluent sur le long terme. Cette diversité et cette dynamique doivent être prises en compte dans l'étude de la citoyenneté et la mise en œuvre des convergences indispensables pour dégager la citoyenneté des particularismes réducteurs, tout en respectant une diversité culturelle mutuellement enrichissante.

La citoyenneté, co-souveraineté régie par le « contrat social », est une création continue.

BIBLIOGRAPHIE

OUVRAGES

Agulhon M., *La République, de Jules Ferry à François Mitterrand (1880-1995)*, Hachette, 1997.

Arendt H., *Les origines du totalitarisme. L'impérialisme*, Arthème Fayard, 1982.

Balibar É., *Droit de cité*, Éditions de l'Aube, 1998.

Bourdieu P., *Sur la télévision*, Liber Éditions, 1996.

Braibant G. et Stirn B., *Le droit administratif français*, Presses de Sciences Po et Dalloz, 1997.

Braudel F., *L'identité de la France*, Arthaud-Flammarion, 1986.

Bréchon P. (sous la dir.) *Les valeurs des Français*, Armand Colin, 2000.

Burdeau G., *Droit constitutionnel et institutions politiques*, LGDS, 1976.

Chemillier-Gendreau M., *Droit international et démocratie mondiale*, Textuel, 2002.

Constant F., *La citoyenneté*, Montchrestien, 2000.

Costa-Lascoux J., *Les trois âges de la laïcité*, Hachette, 1996.

Delmas-Marty M., *Raisonner la raison d'État*, PUF, 1989.

Denquin J.-M., *La monarchie aléatoire*, PUF, 2001.

Duchesne S., *Citoyenneté à la française*, Presses de Sciences Po, 1997.

Duhamel O., *Droit constitutionnel et politique*, Le Seuil, 1993.

Duverger M., *Les constitutions de la France*, PUF, 1996.

Ferenczi T. (textes présentés), *De quoi sommes-nous responsables ?*, Le Monde Éditions, 1997.

Fustel de Coulanges D., *La cité antique*, Hachette, 1895.

Gaille M., *Le citoyen*, GF, 1998.

Gauchet M., *La démocratie contre elle-même*, Gallimard, « Tel », 2002.

Jonas H., *Principe responsabilité*, Flammarion, 1998.

Kaltenbach P.-P., *Associations lucratives sans but*, Denoël, 1995.

Kaufmann J.-C., *Ego*, Nathan, 2000.

Kriegel B., *Philosophie de la République*, Plon, 1998.

Lazzeri C. et Reynié D., *La raison d'État : politique et rationalité*, PUF, 1992.

Lazzeri C. et Reynié D., *Le pouvoir de la raison d'État*, PUF, 1992.

Le Pors A., *L'État efficace*, Robert Laffont, 1985.

Magnette P. (sous la dir.), *De l'étranger au citoyen*, De Boeck Université, 1997.

Moatti C., *La raison de Rome*, Le Seuil, 1997.

Nicolet C., *L'idée républicaine en France (1789-1924)*, Gallimard, 1982.

Pactet P., *Institutions politiques*, Armand Colin, 2000.

Rivero J., *Les libertés publiques*, PUF, « Thémis », 1996.

Roché S., *La société incivile*, Le Seuil, 1996.

Rousseau J.-J., *Du contrat social*, GF, 1992.

Schnapper D., *La communauté des citoyens*, Gallimard, 1994.

Schnapper D. et Bachelier C., *Qu'est-ce que la citoyenneté ?*, Gallimard, 2000.

Ségur P., *La responsabilité politique*, PUF, 1998.

Stirn B., *Les libertés en questions*, Montchrestien, 2000.
Tribalat M., *Faire France*, La Découverte, 1995.
Wihtol de Wenden C., *La citoyenneté européenne*, Presses de Sciences Po, 1997.
Zarka Y. C. (sous la dir.), *Raison et déraison d'État*, PUF, 1994.

RAPPORTS

Rapports publics du Conseil d'État de 1994 à 2002.
Rapports annuels du Haut Conseil à l'intégration, ainsi que : *L'intégration à la Française*, UGE, « 10/18 », 1993.
Rapports du Conseil national de la vie associative, *Bilan de la vie associative en 1993-1994*, La Documentation française, 1996.
Rapport du CREDOC, *Les Français et la vie associative,* 1999.

REVUES

Cahiers français, « Citoyenneté et société », n° 281, mai-juin 1997.
Esprit, « La France politique condamnée à l'impuissance ? », n° 204, décembre 1994 ; « La philosophie, la morale et le citoyen », n° 230-231, mars-avril 1997.
Futuribles, n° 184, février 1994.
Hommes et migrations, « Jeunesse et citoyenneté », n° 1196, mars 1996.
Panomariques, « Le spectre de la déchirure sociale et politique », n° 13, 1er trimestre 1994.
Pouvoirs, « La République », n° 100, janvier 2002.
Raison présente, « Le citoyen, l'Europe, le Monde », n° 103, 3e trimestre 1992.
Territoires, « Citoyenneté sociale, citoyenneté locale », n° 354, janvier 1995, et « L'avenir sera citoyen », n° 400-401, novembre 1999.

TABLE DES MATIÈRES

Imprimé en France
Imprimerie des Presses Universitaires de France
73, avenue Ronsard, 41100 Vendôme
Novembre 2002 — N° 49 588